A FACE ESTÉTICA DO *SELF*

Gilberto Safra

A FACE ESTÉTICA DO *SELF*
Teoria e Clínica

© Ideias & Letras, 2021

Direção editorial:
Carlos Silva
Ferdinando Mancilio

Comissão editorial:
Avelino Grassi
Roberto Girola

Coleção dirigida por:
Tales A. M. Ab'Sáber
Noemi Moritz Kon
Roberto Girola

Coordenação editorial:
Elizabeth dos Santos Reis

Diagramação:
Simone A. Ramos de Godoy

Capa:
Sergio Kon, a partir de Le peintre et son modele, de P. Picasso, óleo s/ tela, 1,72 x 2,56m, Paris, 1926.

9ª reimpressão.

Dados Internacionais de Catalogação na Publicação (CIP)
(Câmara Brasileira do Livro, SP, Brasil)

A face estética do self: teoria e clínica / Gilberto Safra. – Aparecida–SP: Ideias & Letras: São Paulo: Unimarco Editora, 2005. – (Coleção Psicanálise Século I).

Bibliografia.
ISBN 85-98239-42-9

1. Comportamento humano 2. Personalidade 3. Psicanálise 4. Self I. Título. II. Série.

05-4069
CDD-155.2

Índice para catálogo sistemático:
1. Self: Constituição: Psicologia individual
155.2

Rua Barão de Itapetininga, 274
República - São Paulo/SP
Cep: 01042-000 – (11) 3862-4831
Televendas: 0800 777 6004
vendas@ideiaseletras.com.br
www.ideiaseletras.com.br

*Aos que já estiveram, aos que estão,
aos que estarão:* **ao Homem!**

Um homem não pode fazer observações gerais em qualquer medida, sobre qualquer objeto, sem trair a si mesmo, sem introduzir sua inteira individualidade, e apresentar, como uma alegoria, o tema e o problema fundamentais de sua existência.

THOMAS MANN, *The Magic Montain*, p. 356

SUMÁRIO

Apresentação, 9

Introdução, 13

Capítulo I
A FACE ESTÉTICA DO SER, 33

Capítulo II
ERA UMA VEZ O TEMPO, 57

Capítulo III
A ARQUITETURA DO *SELF*, 77

Capítulo IV
DA AÇÃO AO GESTO, 97

Capítulo V
SELF E LINGUAGEM, 115

Capítulo VI
A MATERIALIDADE DO *SELF*, 127

Capítulo VII
O *SELF* NO MUNDO, 147

Capítulo VIII
A MORTE, 165

Referências bibliográficas e videográficas, 169

APRESENTAÇÃO

Se eu digo que é possível reconhecer em *A face estética do self*, originalmente Tese de Livre-Docência na USP, uma qualidade extraordinária, não estou usando o termo de forma vaga, superlativa e cometendo algum exagero. É, infelizmente, raro que um texto produzido no âmbito da psicanálise praticada e pensada no Brasil e, mais ainda, que um trabalho vocacionado à academia reúna tantas qualidades. É fora do comum que conteúdos e formas se encontrem tão harmoniosamente e com tanta eficácia. Qual o segredo?

O que move este livro, essa Tese, é bem mais que o desejo ou a necessidade de corresponder a uma exigência um tanto burocrática. Trata-se de um momento nem o primeiro, nem, esperamos, o último do longo processo em que, há pelo menos 25 anos, Gilberto Safra vem se dedicando ao cultivo e à construção de si, à criação de um terreno e de um estilo próprio de ser psicanalista.

Essa lenta e orgânica construção parece operar segundo algumas diretrizes. A primeira a se destacar é a fidelidade sadia às experiências de vida e às da clínica psicanalítica. Digo "sadia" porque não se trata da fidelidade obsessiva que implique em uma espécie de sacralização dos "fatos" do consultório e que impeça alguns voos mais especulativos, que cerceie o pensamento livre. Mas que é no campo das experiências pessoais e clínicas que ele se enraíza não resta a menor dúvida, bem como é indiscutível que é para esse terreno que retornam todas as suas elaborações. Discuti-las fora desse contexto ou ignorar esse endereçamento não faria sentido.

Um segundo vértice notável diz respeito à liberdade no uso de autores, ideias e referências intra e extrapsicanalíticas (como a filosofia russa). Trata-se de uma liberdade respeitosa, o que se opõe tanto à idolatria de autores, à adesão fanatizada a esta ou àquela escola, à submissão ao espírito de sistema, como, de outro lado, se opõe ao uso arbitrário e manipulativo de citações, de alianças retóricas etc. Ao contrário, ele vai, ao longo do percurso, entrando em contato com seus diversos "outros", vai se diferenciando deles, para ir, enfim, abrindo uma trilha muito pessoal que, se em certo sentido é solitária, em outro está repleta de vozes as mais variadas. É dessas sonâncias e ressonâncias, às vezes dissonâncias, que a voz própria de Gilberto Safra se alimenta, e é sobre o pano de fundo dessas outras vozes que a dele se cria em sua mais própria dicção.

A fidelidade às experiências e a liberdade no campo das teorias permitem-lhe, então, uma conquista, para retornar ao início, extraordinária: uma inserção criativa e consistente nas tradições. Interessa-me em especial sua recriação de uma respeitável tradição da clínica psicanalítica, a que teve em Ferenczi seu patrono e seu mártir. Ferenczi não é citado ao longo de todo o texto, mas, para além de eventuais concordâncias teóricas ou afinidades técnicas, é a ética ferencziana da devoção ao paciente que subjaz a todo empenho de Gilberto Safra, tal como antes já fora o mesmo espírito tutelar que guiara os passos de Winnicott, este sim, abundantemente usado (e abusado) no livro.

Mas de que psicanálise estamos afinal falando? Onde reside a novidade do que Gilberto Safra nos apresenta? Creio que o mais decisivo para o assinalamento do que há de realmente novo e libertador nas elaborações que o livro nos traz é a ênfase nas dimensões materiais e sensoriais da existência. O sensorial, o *estético* é, por assim dizer, recuperado pela e para a psicanálise:

os objetos em sua materialidade e em suas formas, os corpos, os gestos, as dimensões do mundo: tempos, espaços, sons, cores, movimentos, ritmos são tratados como as raízes e os ingredientes básicos dos processos de constituição do *self*. As implicações clínicas dessa materialização, dessa "des-espiritualização" dos processos subjetivos, são imensas. As linguagens, e, em particular, a linguagem verbal e conceitual, são redimensionadas quando vêm à luz as dimensões estéticas da fala e, mais ainda, das outras modalidades de comunicação. As dimensões e os recursos do encontro terapêutico psicanalítico ganham complexidade, relevos novos, novas perspectivas.

Um outro aspecto, menos explorado, mas o bastante presente para exigir registro, é o da consideração dos aspectos culturais e históricos dos encontros humanos nos quais o *self* se constitui. A sensorialidade, a corporalidade não são pura *natureza*. A ênfase no corpo e seus gestos ou na materialidade das coisas nada tem a ver com um biologismo ou fisicalismo obtuso. A cultura em sua historicidade está presente tanto como o que atravessa, sustenta e modula os processos do *self*, como o que é gerado a partir dos encontros estéticos. Na verdade, os encontros estéticos se dão sempre antes e paralelamente aos, também importantes, encontros humanos no campo dos sentidos já constituídos, dos significados compartilhados e consensuais. O livro nos recorda que a origem dos *sentidos* é o *sentir*, e mesmo o mais sublime dos pensamentos não só tem uma origem pática, como, dissociado desse terreno, o plano pático das sensações, dos afetos e das estesias, ele, a rigor, não é nada. Pior ainda: talvez seja da ordem do patológico. Aliás, uma das tarefas da psicanálise como terapia, mas também da teorização psicanalítica e mais ainda de sua escrita, é ajudar-nos a *refazer os contatos* entre os sentidos até os mais genéricos e universais e suas raízes no sentir, entre as ideias até as mais abstratas e as experiências afetivas do corpo e da matéria em sua concreta singularidade.

No fundo, a questão, a preocupação, a fonte do impulso que carrega para adiante todo o escrito de Gilberto Safra é uma só: a *singularidade* na clínica psicanalítica e a singularidade do psicanalista. Pois se em todo o trabalho a singularidade é tematizada, a estética do *self* se resolve na noção de estilo. Como reconhecer, como cultivar, como fazer desabrochar o *self* em sua estética própria, em seu modo singular de ser, em seu estilo? Estas as questões da clínica, estas as questões da vida, tais como concebidas pela psicanálise de Gilberto Safra e que lhe exigiram anos de laborioso amadurecimento. Porém, antes e mais que tema de seu discurso, a singularização foi efetivamente exercitada por ele ao longo de todo o trajeto. Só que esse exercício, infelizmente, é o que não pode ser ensinado, nem por meio de um livro tão bem-sucedido como o que me coube apresentar e do qual podemos tirar tantas lições e ideias úteis. O exercício da liberdade de pensar e criar pode ser apenas... praticado. O que me agrada supor é que o psicanalista que venha a ler este livro, concordando ou não com o autor (é o que menos importa), acredite que isso é possível.

6 de agosto de 1999
Luís Claudio Figueiredo

INTRODUÇÃO

*Deixe-me entrar na história do mundo
nem que seja para segurar uma maçã!*

WIM WENDERS e PETER HANDKe, 1987,
Asas do desejo

O analista, na atualidade, recebe em seu consultório um paciente com características peculiares, que o obrigam a rever continuamente seus pressupostos teóricos e também os procedimentos técnicos utilizados em seu ofício.

O mundo atual apresenta problemas e situações que levam o ser humano a adoecer em sua possibilidade de ser: ele vive hoje fragmentado, descentrado de si mesmo, impossibilitado de encontrar, na cultura, os elementos e o amparo necessários para conseguir a superação de suas dificuldades psíquicas.

No consultório, as questões propostas por nossos analisandos não se referem mais somente aos problemas do desejo e da relação com o outro. As queixas mais frequentes referem-se à vivência de futilidade, de falta de sentido na vida, de vazio existencial, de morte em vida.

Estamos habituados à escuta do desejo, e nossa clínica funda-se na revelação desse desejo na situação transferencial. Entretanto, estamos lidando com indivíduos que nem mesmo se constituíram: buscam existir para que então possam, quem sabe, vir a ter algum desejo. Para nós ficam as perguntas: como ouvir o ser? Como cuidar do ser?

Tradicionalmente, buscamos em nosso trabalho os traços deixados pelo desejo recalcado, deslocado, condensado no discurso, nos sonhos, no brinquedo e na fantasia transferencial. Trata-se de uma técnica que procura realizar a decodificação das representações, o desmonte do discurso na busca do material latente, do desejo inconsciente.

O fato é que nossos pacientes, nos dias de hoje, encontram-se já em estado de dispersão de si mesmos. O que se observa é que o trabalho analítico frequentemente entra em situação de impasse, pois a técnica analítica empregada ameaça o paciente com uma desintegração e uma fragmentação ainda maiores do que as já vividas por ele. Outro problema se coloca: como falar de significados reprimidos, se há até mesmo a ausência da capacidade de significar e de dar sentido?

Tenho observado (Safra, 1995) que, nesses casos, necessitamos de procedimentos que possibilitem ao paciente utilizar-se do campo transferencial para constituir os aspectos fundamentais de seu *self*, que até então ficaram sem realização. O analista, nessa situação, fornece as funções buscadas pelo paciente para que ele dê continuidade ao desenvolvimento de si mesmo. São momentos em que observamos, na análise, a ocorrência de um fenômeno de significação e de articulação simbólica. Mais do que um processo de deciframento das produções do paciente, há uma apresentação do *self* em gesto e em formas imagéticas[1] (formas sensoriais) sustentados pela relação transferencial, na qual o indivíduo se constitui e se significa frente ao outro.

---

1. As formas imagéticas organizam-se nos diferentes campos sensoriais: imagens sonoras, imagens visuais, imagens gustativas, imagens tácteis.

Introdução | 15

Do ponto de vista histórico, um dos trabalhos pioneiros neste procedimento clínico foi a monografia "La réalisation symbolique (Nouvelle méthode de psychothérapie appliquée à un cas de schizophrénie)", de M. A. Sechehaye, publicada em 1947, no Caderno especial, número 12, da *Schweizerische Zeitschrift für Psychologie und ihre Anwendungen* (Revista Suíça de Psicologia e suas Aplicações).

É um trabalho extremamente interessante e importante para a compreensão da constituição psíquica do ser humano e também para a reflexão sobre o processo psicoterápico e psicanalítico com pacientes graves. Nele, a autora narra o percurso de um trabalho psicoterápico, de duração aproximada de nove anos, com uma paciente diagnosticada como esquizofrênica. Ao longo de seu contato com a paciente, Sechehaye utilizou um novo método de intervenção que intitulou de realização simbólica. A analista percebeu a importância de compreender os símbolos individuais da paciente para aproximar-se de sua vida afetiva e libertá-la de seu aprisionamento em um mundo de irrealidade. Para isso, a autora procurou, segundo suas palavras, *realizar os desejos inconscientes, segundo a expressão simbólica da paciente* (p. 19).

Entre as diversas situações clínicas que Sechehaye apresenta em sua publicação, gostaria de me deter em uma delas, pois a considero fundamental para o percurso terapêutico realizado pela analista e sua paciente e também para o que pretendo focalizar neste trabalho. Trata-se do episódio que foi denominado pela paciente (1950) de *O milagre das maçãs* e que ocorreu no terceiro ano de análise.

Renée, este era o nome da paciente, vivia um grande sentimento de culpa que a paralisava completamente, impossibilitando-a de comer. Entre os alimentos que se permitia ingerir, estavam as maçãs verdes, que pertenciam à árvore e, simbolicamente, à mãe. A paciente colhia as maçãs verdes da árvore para tentar satisfazer sua necessidade de ser alimentada pela mãe. Em seu mundo psíquico, acreditava que sua mãe não lhe dava o alimento necessário, então ela mesma precisava apanhar os frutos. A senhora que cuidava do lugar onde Renée se encontrava a repreendia por essa atividade, o que a levou a uma crise bastante séria. A paciente interpretava este fato como uma proibição da mãe a que se alimentasse, ou até mesmo a que existisse.

Sechehaye levava maçãs para dar a Renée na quantidade e no tempo que ela desejasse. Renée recusava essas maçãs, dizendo que estava proibida de comer outra coisa que não fossem maçãs verdes.

Certa vez, tentou-se que a paciente comesse à força, junto com os outros hóspedes do lugar. Aterrorizada com a situação, ela fugiu em busca da analista. Esta procurou lidar com a situação dizendo que lhe daria todas as maçãs que quisesse. Renée respondeu, apontando o seio da analista: "Sim, mas estas são maçãs compradas, maçãs para adultos. Eu quero maçãs de mãe, como estas! Estas maçãs, a mãe só as dá quando se tem fome".

Sechehaye intui o que fazer. Percebe que as maçãs representavam o leite da mãe e que precisavam ser oferecidas do modo como uma mãe daria o peito a seu bebê. Resolve dar ela mesma o "símbolo" a Renée, sem intermediação de outra pessoa e sempre em horas fixas. Cortou um pedaço de maçã, dizendo à paciente: "É hora de beber o bom leite das maçãs da mãe. Mamãe vai dar a você". Renée apoiou-se no ombro da analista e, colocando a maçã sobre o peito dela, comeu a fruta com os olhos fechados e expressão de felicidade.

Esta experiência parecia reposicionar as primeiras experiências de caráter traumático que Renée havia vivido com sua mãe.

Introdução | 17

Sechehaye discute esta situação afirmando que a paciente havia regredido à fase oral e que era fundamental satisfazer sua necessidade simbolicamente. Ou seja, dar leite real à paciente poderia torná-la ainda mais adoecida, porque, segundo Sechehaye, o sentimento de culpa exige que se oculte o desejo reprimido. Relata também que Renée, após esta intervenção, viveu pela primeira vez a realidade, agia como se tivesse recebido o direito à vida.

Encontramos o relato, feito por Renée, desta mesma experiência no livro *Diário de una esquizofrênica* (1992). Depois de ter comido a maçã oferecida pela analista, Renée descreve:

> Uma felicidade infinita encheu meu coração como se, por arte de magia, toda a angústia, a tempestade que me sacudia no instante anterior tivesse desaparecido para dar lugar à calma benfeitora; não pensava nada, não distinguia nada, gozava.

Mais adiante, continua:

> Fui com a enfermeira que havia vindo me buscar e, uma vez que me encontrei fora, me dei conta de que minha percepção do mundo havia se modificado: em lugar de ver um espaço infinito e irreal em que todas as coisas se destacavam nuas e isoladas, vi pela primeira vez a **Realidade**, a maravilhosa realidade.
> As pessoas que nos encontravam já não eram autômatos, fantasmas que se moviam sem objetivo e gesticulavam sem sentido; não, eram homens e mulheres com suas características particulares, com sua individualidade; os objetos eram objetos úteis, com sentido, que proporcionavam prazer. Eis este automóvel que me leva à pensão, estas almofadas em que me apoio. Devorava com o olhar tudo que havia diante de meus olhos, com a admiração de quem se acha ante um milagre. É isto, é isto — repetia, querendo dizer: Esta é a realidade (p. 164, nossa tradução).

Esta experiência foi o início do desenvolvimento de uma série de outros acontecimentos de caráter semelhante, que conduziram

Renée para outro estado psíquico, diferente da organização esquizofrênica que ela apresentava até então.

Vários aspectos relevantes parecem estar presentes no fenômeno em questão. Há, evidentemente, uma situação transferencial que possibilitou o ocorrido. Renée coloca a analista no lugar da mãe, que pode ou não ir ao encontro de suas expectativas. Várias intervenções e interpretações são feitas pela analista. Ela leva para sua paciente maçãs em abundância, pois sabe do interesse de Renée por elas, mas as oferece, inicialmente, de uma maneira que parece não preencher as necessidades da paciente. Como diz Renée, eram maçãs para adultos. Não cumpriam a função terapêutica, pois não se colocavam ali onde a regressão de Renée as situava. Apesar de sua idade cronológica, a paciente encontrava-se em um funcionamento em um estado de consciência característicos de um bebê. Era uma criança aprisionada em angústias, culpas e solidão infinitas; em um mundo sem o alívio proporcionado pelos contornos e limites do espaço e do tempo. Era alguém à espera de ser.

Renée luta para que sua analista a reconheça na especificidade de seu estado: não serve qualquer maçã, ela necessita da maçã-seio da mãe. Seria, como diz Sechehaye, a busca da realização simbólica de um desejo? Ou seria a busca da possibilidade de vir a desejar?

Penso que, na situação de Renée, estamos diante de alguém que não chegou a se constituir como pessoa capaz de desejar, alguém que procura existir para um outro para, então, poder vir a desejar e se relacionar. Renée tem fome, mas não de alimento, que só sustenta o corpo e permite viver ou sobreviver. Há fome de amor, de reconhecimento de si por um outro, de ilusão. É na realização simbólica que Sechehaye encontra o meio de ajudar sua paciente. É na satisfação lúdica que fica preservada a comunicação, pois, por meio desses procedimentos, é possível ir ao encontro

Introdução | 19

da necessidade do paciente sem reduzi-lo a um mero corpo necessitado. Por esse tipo de comunicação, há o reconhecimento da subjetividade humana ali presente à espera de outro. Esse é o encontro que permite o acesso à existência humana. Concordo com Todorov (1995), quando afirma:

> A identificação das necessidades "sociais" com as necessidades biológicas como a fome, hoje prática usual, é profundamente desorientadora: descreve a relação com as pessoas como se fosse uma relação com objetos. Posso apropriar-me de um objeto: antes estava longe, agora está perto de mim. Se como uma maçã, esta deixa de existir, eu a transformo definitivamente — em alimento assimilável para meu corpo (p. 68).

Além de ter sido necessária a satisfação simbólica da necessidade de Renée, é digno de nota que esta intervenção foi executada com o auxílio de um objeto criado pela própria paciente. Durante muito tempo, Renée assinalava a maçã como algo importante para ela, mas foi só com o caminhar do processo analítico que a analista pôde perceber o potencial terapêutico da maçã. É o uso desse objeto, e não de outro qualquer, que abriu as portas da realidade para Renée.

Estamos diante do objeto da necessidade e da mãe criados pela paciente, fenômeno que foi apontado por Winnicott (1951) como de fundamental importância na constituição do *self* da criança. Ele afirma:

> O seio é criado pelo bebê repetidas vezes, pela capacidade que tem de amar ou (pode-se dizer) pela necessidade. Desenvolve-se nele um fenômeno subjetivo, que chamamos de seio da mãe. A mãe coloca o seio real exatamente onde o bebê está pronto para criá-lo, e no momento exato (p. 402).

Sechehaye se permite ser criada por Renée. Não é mais Sechehaye-analista, mas sim Sechehaye-mãe. Dessa forma, dá entrada ao fenômeno de ilusão, permitindo que a criatividade primária de Renée coincida com a percepção objetiva. Trata-se da constituição do objeto subjetivo.[2] A realidade, a *"maravilhosa realidade"*, passa a ter sentido para Renée. Ela encontra os contornos do espaço e do tempo, nos quais pode viver e existir. A partir dessa perspectiva temos de refletir a respeito da concretude do objeto que se tornou instrumento de estabelecimento do *self* da paciente. Para que a ilusão possa ocorrer, será necessário que a apercepção coincida com a percepção. A maçã é, ao mesmo tempo, um objeto do mundo e um objeto concebido, um objeto da realidade e um objeto subjetivo. O gesto da analista ao colocar a maçã sobre o seio apresenta uma situação de qualidade estética[3] com grande espectro de significações. Sua decodificação simbólica pela linguagem discursiva é não só desnecessária, mas prejudicial para o desenvolvimento do processo analítico. Pode-se entender este gesto como um gesto

---

2. O conceito de objeto subjetivo relaciona-se ao objeto criado pelo bebê a partir da criatividade primária. Este objeto encontra-se sob o domínio da onipotência da criança e dá entrada à constituição de seu *self*.
3. O termo estética foi utilizado pela primeira vez por Baumengarten (1714-1762). Tradicionalmente é um nome utilizado para referir-se à arte e ao belo. No entanto, a palavra estética designa a ciência do sentido, da sensação. Deriva do grego *aisthanesthai* que significa "perceber"; *aisthesis* que significa "percepção"; *aisthetikos* que significa "o que é capaz de percepção". Utilizo o termo estético ao longo desse trabalho para abordar o fenômeno pelo qual o indivíduo cria uma forma imagética, sensorial, que veicula sensações de agrado, encanto, temor, horror etc. Essas imagens, quando atualizadas pela presença de um outro significativo, permitem que a pessoa constitua os fundamentos ou aspectos de seu *self*, podendo então existir no mundo humano.

Introdução | 21

inaugurador, com potencial simbolizante, mas é principalmente um gesto poético.[4] Vamos ter uma mamada na área do "faz de conta", sem que isso leve à perda da realidade ou da função realizadora da experiência afetiva proporcionada por ela.

Temos, então, frente a esse tipo de fenômeno, uma abordagem que privilegia o objeto como uma criação original do sujeito e que o preserva em sua riqueza semântica e em sua potência transformadora, sem reduzi-lo a um ou a alguns significados alcançados por um processo de tradução ou interpretação.

Quando estamos interessados no enfoque do desejo na condução da análise de um paciente, podemos acompanhar suas manifestações no discurso da própria pessoa ou em suas produções, como a psicanálise, desde Freud, nos ensinou. Porém, se for necessário olharmos a questão da constituição do *self* ou sua evolução, necessitaremos de outra abordagem que contemple o próprio ato de criar, em que o tempo, o espaço, o gesto, o objeto, os símbolos são fundamentais em si mesmos.

Lévi-Strauss (1957) também toma o caso apresentado por Sechehaye para discutir o problema da eficácia simbólica. Para ele, é possível a utilização de mitos e objetos culturais na cura de pacientes. Segundo sua maneira de conceber, trata-se de fornecer ao doente uma linguagem na qual possam ser expressos estados psíquicos não formulados e que, de outro modo, seriam inarticuláveis. Referindo-se ao tratamento proposto por Sechehaye, afirma que ela percebeu que o discurso, por mais simbólico que fosse, chocava-se ainda com a barreira do consciente e que, só

---

4. Poético, pois ao mesmo tempo articula, em um único fenômeno, a capacidade criativa da analista e da paciente, dando origem à comunicação humana e, principalmente, ao existir de Renée.

por atos, ela podia atingir os complexos mais profundos. Seriam atos descontínuos, cada um simbolizando um elemento fundamental da situação maternal. Segundo ele, a carga simbólica de tais atos torna-os próprios para constituir uma linguagem. O terapeuta dialoga com seu paciente não pela palavra, mas por meio de operações concretas, verdadeiros ritos, que atravessam a tela da consciência sem encontrar obstáculos, para levar sua mensagem ao inconsciente.

Considero muito interessantes as reflexões de Lévi-Strauss, apesar de não apreciar a ideia de "complexos profundos", nem a ênfase dada aos estratos inconscientes e conscientes. Isso porque, de meu ponto de vista, não estamos lidando com material reprimido, mas com a constituição do *self* e de suas estruturas psíquicas.

Winnicott (1960a) traz contribuições importantes para o esclarecimento dessas questões. Segundo ele, há inicialmente um *self* central, que é o potencial herdado da criança, o qual, com o favorecimento do meio ambiente, estará experimentando um senso de continuidade de ser e adquirindo gradualmente, a sua maneira e em seu próprio ritmo, uma realidade psíquica e um corpo próprios. Esse período caracteriza-se pelo estabelecimento do *self* e do mundo subjetivo. Com o desenvolvimento do processo maturacional, há o aparecimento dos fenômenos e objetos transicionais,[5]

---

5. Ao longo de sua experiência clínica, Winnicott vê a necessidade de postular uma terceira área de experiência humana, que não seja nem a realidade interna e nem a externa, mas uma área com participação de ambas. É nela que acontecerão os fenômenos transicionais e a criação da primeira possessão. Um exemplo desse objeto seria a fralda ou cobertor, que facilita a viagem da criança da dependência à independência, da realidade subjetiva à realidade compartilhada.

Introdução

quando se iniciará a capacidade da criança de **usar**[6] símbolos. Os fenômenos transicionais abrem o campo de experiências da criança para a primeira possessão não eu.

Winnicott (1971) nos diz:

> É verdade que a ponta do cobertor (ou o que quer que seja) é simbólica de algum objeto parcial, tal como o seio. No entanto, o importante não é tanto seu valor simbólico, mas sua realidade (...).
>
> Seria possível compreender o objeto transicional, embora sem compreender plenamente a natureza do simbolismo. Parece que o simbolismo só pode ser corretamente estudado no processo do crescimento do indivíduo, e que possui, na melhor das hipóteses, um significado variável. Se considerarmos, por exemplo, a hóstia da Sagrada Comunhão, simbólica do corpo de Cristo, penso que tenho razão se disser que, para a comunidade católica romana, ela é o corpo e, para a comunidade protestante, trata-se de um substituto, de algo evocativo, não sendo essencialmente, de fato, realmente o próprio corpo. Em ambos os casos, porém, trata-se de um símbolo (pp. 19-20).

Trata-se de uma concepção do campo simbólico que vai considerar importante não tanto o significado de um determinado símbolo, mas fundamentalmente sua possibilidade de veicular uma experiência, uma vivência. É a função simbolizante que permitirá ao indivíduo seu atravessamento nas diferentes modalidades de estar no mundo: do estado subjetivo à realidade compartilhada.

---

6. Gostaria de enfatizar a utilização da palavra "uso" neste contexto. "Usar" aqui significa não só a possibilidade que a criança terá de empregar gradativamente os símbolos de sua cultura, mas também e principalmente de dar ao símbolo um uso pessoal. "Usar" implica na criança a capacidade de brincar com os símbolos, atividade que é fruto de sua capacidade criativa.

Em uma perspectiva semelhante, Cassirer (1942) nos diz que, na linguagem, na arte, ou mesmo na religião, não se pode falar de uma simples contraposição entre o "eu" e o "universo" ou da dualidade "símbolo" e "objeto", pois a função do simbólico consiste precisamente em ser o suposto prévio para tudo o que seja captar objetos e realidades. De maneira tal que a experiência interior e a exterior não são coisas distintas e separadas, mas só podem existir uma em relação à outra. Para ele, a cultura humana apresenta-se em várias modalidades que procedem segundo linhas diferentes e que perseguem fins diferentes: mitos, ritos, credos religiosos, obras de arte, teorias científicas, é impossível reduzi-las a um denominador comum.

Segundo ele, o campo de nosso saber não se estende nunca além dos confins de nossa própria criação. O homem só compreende enquanto cria. O que ele pode chegar a conhecer de verdade não é a essência das coisas, mas somente a estrutura e o caráter peculiar de suas obras. Nenhum ser conhece (ou verdadeiramente penetra em) qualquer coisa, exceto aquilo que ele mesmo cria.

O conhecer subordina-se ao criar, no entanto, o outro como outro só é criado e encontrado em momentos posteriores do processo maturacional, ou seja, no momento em que o não eu tenha entrado no campo vital da criança, a partir do gesto criador.

É a primeira possessão não eu, o objeto transicional, que possibilita, por meio da capacidade criativa da criança, a construção de um mundo com o outro, onde o *self* pode existir como si mesmo.

A palavra e a linguagem discursiva foram, no mundo ocidental, identificadas à razão, ou à origem da razão, mas na verdade o que percebemos na situação clínica, conduzida segundo os princípios expostos, é que esses dois elementos não cobrem todo o campo simbólico do ser humano. Inúmeras articulações simbólicas se apresentam. O indivíduo apresenta seu existir por gesto, por sonoridade, por formas visuais, por diversos meios disponíveis para constituir seu *self* e seu estilo de ser. São criações, na maior parte das vezes, de grande complexidade simbólica e não passíveis de decodificação.

Para Winnicott, a objetividade é um termo relativo, porque o que é objetivamente percebido é, por definição, subjetivamente concebido. Podemos afirmar que uma criança vai significando suas experiências tanto pelo uso da linguagem discursiva, que ela desenvolverá na relação com sua mãe, como também pela articulação de formas estéticas e simbólicas no campo sensorial de suas vivências. Trata-se da criação de formas com o uso da cor, da luz, do espaço, do tempo, do tato e assim por diante.

O que temos é uma articulação semântica que se dá por recortes da sensorialidade a partir das vivências de um indivíduo. Esses recortes permitem que o sujeito não só crie e mapeie seu mundo, mas que também veicule determinadas concepções do mundo por esses meios. Esses recortes constituem-se como canais de articulação simbólica, que ao longo dos anos, como ocorre com a linguagem, ganham sofisticação.

Esse tipo de símbolo é denominado por Langer (1941) de "símbolo apresentativo", para caracterizar sua diferenciação frente ao simbolismo discursivo. Segundo ela, os significados fornecidos pela linguagem são sucessivamente entendidos e reunidos em um todo pelo processo chamado discurso. Já o símbolo apresentativo só é entendido pela articulação e pelas relações de todos os elementos que compõem sua estrutura total. Seu funcionamento como símbolo depende do fato de estar envolvido em uma apresentação simultânea e integral. Os símbolos apresentativos, para ela, veiculam uma concepção sobre um fenômeno.

Considero oportunas as discussões de Langer sobre as características do que ela denomina símbolo apresentativo, no entanto, não aprecio sua ideia de que esse tipo de símbolo seja criado a partir de, ou veicule, uma concepção. Penso que se trata de uma articulação orgânica de experiências estéticas. Eles apresentam as sensações, as diferentes experiências do estar vivo, os sentidos do encontro com o outro, as posições que o indivíduo ocupa no mundo humano.

Considero úteis as formulações de Solovyov (1878) sobre "organismo":

> Não há fundamentos para limitar o conceito de organismo somente aos organismos materiais. (...) nós chamamos organismo qualquer coisa que é composta de uma multiplicidade de elementos que não são irrelevantes para o todo ou uns em relação aos outros, mas são absolutamente necessários para o todo e uns para os outros, pois cada um tem seu conteúdo determinado e, consequentemente, sua significação particular em relação a todos os outros elementos (p. 106, nossa tradução).

Aprecio a formulação de Solovyov sobre o "organismo" porque é uma concepção que, mais do que falar da função do objeto, se representativa ou apresentativa, utiliza-se da analogia com o organismo **vivo**. Os objetos que abrem possibilidades de ser para um indivíduo têm qualidade de pulsação, característica dos seres vivos, pois guardam relações com a corporeidade da pessoa. As palavras organismo e orgânico permitem que as peculiaridades desses objetos estejam contempladas.

O que se observa é o aparecimento do *self*, nos diferentes sentidos de realidade, em formas orgânicas. Nelas, as vivências de um

Introdução | 27

indivíduo e seu estilo de ser constituem-se esteticamente. O *self* se constitui, se organiza, se apresenta por fenômenos estéticos. A existência humana é de grande complexidade. Há experiências que se expressam melhor pela linguagem discursiva, outras pelos símbolos orgânico-estéticos. A linguagem discursiva parece ser o veículo privilegiado do pensamento analítico, da linguagem da precisão, da representação, das funções denotativas e conotativas para entes inseridos no espaço e no tempo. Os símbolos orgânico-estéticos veiculam o sentir, o ser, o existir: elementos que, por sua natureza, exigem o uso de símbolos que preservem a complexidade e a organicidade da experiência. Por essa razão, podemos dizer que eles não representam, mas apresentam e abrem uma determinada experiência de sentir, existir ou ser. Neste trabalho, interessa-me um tipo específico de símbolo estético:[7] **os símbolos de *self*.** Em uma de suas cartas, Winnicott diz:

> Muitas vezes tem acontecido em minhas análises a interpretação de uma cobra não como símbolo fálico, mas como símbolo do *self* inteiro do bebê, tal como representado no corpo e nos movimentos corporais que são característicos do período próximo ao nascimento (1987, p. 97).

Essas concepções têm grande importância no trabalho clínico. Permitem o acesso e a compreensão de toda uma gama de fenômenos relacionados às perturbações de *self* e auxiliam no esclarecimento da questão do assim chamado contato entre paciente e analista e do uso da intuição. Essa não vai ser compreendida

---

7. Pode haver inúmeros tipos de símbolos estéticos, como: poesia, escultura, música sem que tenham necessariamente relação com as experiências de *self*. Neste trabalho, irei abordar especificamente os símbolos que veiculam o *self*.

como alguma coisa enigmática, que dependeria de um estado de graça para ser conseguida, algo assim como uma apreensão de um conhecimento sem intermediação. A intuição pode ser entendida como a capacidade de uma pessoa de apreender e compreender os símbolos de *self*, símbolos-estéticos que se organizam na sensorialidade, por meio de processos identificatórios. Trata-se de uma leitura que é feita a partir da corporeidade da pessoa e que apreende os símbolos de *self*. Uma pessoa, frente a um símbolo--estético, experimenta imaginativamente em seu corpo o sentido de ser que o símbolo-estético apresenta. Penso ser importante assinalar que uma imagem ou uma forma sensorial presentificada por uma determinada criança pode ser simplesmente um elemento com a função de dar integridade a um corpo fragmentado, nesse caso a forma é apenas campo sensorial sem presença de outro, não há aqui fenômeno estético. Essa é uma perspectiva importante no estudo dos objetos-fetiche e dos objetos autísticos.

Da mesma forma, há sonhos que têm valor de um objeto sensorial, fetichista ou autístico, ao qual o paciente se apega no horror à dispersão de seu *self*. Há outros sonhos que apresentam uma articulação de concepções presentes na vida psíquica do sujeito. Têm, portanto, uma função elaborativa. Winnicott discute esses aspectos procurando discriminar entre devaneios e sonhos, entre imagens que simplesmente presentificam um determinado objeto ou que retiram o indivíduo de sua existência, e outras que surgem de um campo imaginário que se abre para concepções e elaborações.

Clinicamente, uma imagem criada pelo paciente pode apontar para uma possibilidade de simbolização de potencialidades de *self*. A ocorrência desse processo, muitas vezes, dependerá da maneira como o analista aborda o fenômeno. Com frequência, o analista,

Introdução | 29

emoldurando a imagem apresentada pelo paciente por meio de assinalamentos ou do uso lúdico dessa imagem, em outro momento da sessão, como metáfora da maneira de o paciente ser e estar no mundo, auxilia para que novos aspectos do *self* possam ser atualizados. Esse tipo de intervenção propicia que aquele elemento, que num primeiro momento era simplesmente uma aparente forma sensorial, passe a ser a articulação de uma concepção do paciente sobre seu próprio *self*. Esse fenômeno surge no espaço potencial, no campo intersubjetivo entre analista e paciente. Temos aí uma área de investigação clínica bastante fecunda: o estudo das intervenções, realizadas na sessão de análise, na dimensão dos fenômenos transicionais.

Com esse trabalho, há a possibilidade de recuperar a capacidade criativa do paciente, entendida como a possibilidade de simplesmente estar no mundo e de recuperar ou constituir a potencialidade de articular experiências em símbolos de *self*. A inserção desses símbolos no espaço potencial suspende as dicotomias do espaço e do tempo, do sujeito e do objeto, do externo e do interno. É o lugar dos paradoxos e da articulação da experiência de ser que, eventualmente, inscreverá o *self* do indivíduo no campo cultural.

A perspectiva de trabalho oferecida por esse vértice dependerá da capacidade do analista de mover-se na dimensão dos fenômenos transicionais e de compreender os símbolos de *self* utilizados pelo paciente. Nossa cultura valoriza intensamente a linguagem discursiva. É muito difícil concebermos um fenômeno que não possa ser passível de decodificação. No trato com a criança ou com o paciente adulto, é fundamental que o analista possa acompanhar tanto as vivências psíquicas que se expressam pela linguagem discursiva, quanto aquelas que emergem, por meio de símbolos estéticos, como símbolos do *self*, articulados plasticamente no campo sensorial.

Para compreender o fenômeno que se apresenta na situação clínica, o analista precisará recorrer às articulações discursivas e imagéticas específicas do sujeito em questão, pois não é possível o uso de um referente fora da organização semântica desse sujeito, se o objetivo é realizar um trabalho que vise a evolução do *self* do paciente. O analista poderá vislumbrar, a partir daí, as concepções a respeito da vida, do estar no mundo, das características etnoculturais que fundamentam a subjetividade de seu paciente e de seu vir-a-ser na relação com o outro. A sessão será mais um *espaço de experiência* do que um *lugar de cognição*. O trabalho com a transferência não será tanto feito pela interpretação decodificadora, mas pela utilização dela como campo de aparecimento do gesto que apresenta o *self* do paciente. O analisando busca o analista na esperança de encontrar a função e o campo que lhe possibilitarão emergir como ser existente e inserido na cultura e na história do homem. Busca a experiência pela qual poderá criar a constituição e a evolução de seu *self*. Essa experiência organiza-se em vivência estética que dá origem aos símbolos do *self*. Temos, por esses vértices, todo um âmbito de trabalho e investigação no campo psicanalítico. Bollas comenta:

> Talvez necessitemos de uma nova visão na psicanálise clínica, semelhante a um tipo de antropologia da pessoa. Daríamos extrema atenção a todos os objetos selecionados por um paciente e anotaríamos o uso que é dado a cada um deles. A literatura, os filmes e a música que a pessoa seleciona constituiriam uma parte tão valiosa do campo de trabalho quanto o sonho. Fotografias do interior da casa do analisando, álbuns narrando a história da escolha dos objetos domésticos, descrições detalhadas de seus amores, amigos e inimigos poderiam ajudar em nosso esforço para seguir a pista do *self* verdadeiro. (1987, p. 31)

Introdução | 31

Os símbolos do *self* articulam-se em imagens, em objetos recortados na materialidade, apresentando os enigmas da vida do indivíduo e também seu estilo de ser. Em decorrência da constatação e compreensão desse fenômeno, amplia-se a possibilidade de intervenção do analista no campo clínico. A intervenção não necessita ser somente verbal. Em algumas situações, um objeto material pode ser mais fecundo para o trabalho analítico do que a interpretação clássica verbal. Esse é o fenômeno que já havia sido apresentado por Sechehaye em 1947. Little (1981) discute essa questão em um trabalho em que aborda a técnica que emprega com pacientes regredidos. Assinalando a importância da forma da interpretação, ela afirma:

> Essas formas podem ser verbais ou não verbais. A capacidade do paciente para a simbolização e para o pensamento dedutivo determina amplamente a forma, e estes fatores dependem do que ocorreu com ele em seu desenvolvimento inicial. Pacientes diferentes podem necessitar formas diferentes e, para qualquer paciente, uma forma que foi útil e significativa uma vez pode ser inútil em outra. Em última instância, a forma, naturalmente, terá de ser verbal e interpretativa, mas um objeto (maçã, biscoito, cobertor etc.), como Mme. Sechehaye mostrou, pode ter o efeito como de uma interpretação e pode ser conectada com interpretações verbais mais tarde, quando a capacidade de usar símbolos desenvolveu-se o suficiente (p. 57, nossa tradução).

Considero que Little faz uma contribuição importante. No entanto, penso que podemos encontrar em seu pensamento a mesma valorização do pensamento verbal, como se este fosse a expressão simbólica por excelência, posição com a qual não concordo. Precisamos levar em conta que, assim como há uma evolução do uso da linguagem discursiva ao longo do desenvolvimento da pessoa, há também uma evolução do uso do objeto sensorial em níveis cada vez mais sofisticados, ao longo do processo maturacional. Há o *objeto subjetivo*, que inicia a constituição do *self*; o *objeto transicional*, primeira possessão não eu; o objeto de *self*, articulação simbólica de um estilo de ser; o *objeto de* self *na cultura*, conectando o sujeito à história do homem; o *objeto de* self *artístico-religioso*, apresentando o vértice estético e sagrado e inserindo o homem na atemporalidade da experiência humana. Não podemos confundir um uso específico do objeto com toda a gama de articulações possíveis ao longo do processo maturacional do *self* de um indivíduo. Tendo em vista essas questões, o presente trabalho tem como objetivo refletir sobre o aparecimento dos símbolos do *self* e seus usos clínicos. O método de investigação utilizado foi a observação e a condução do processo psicanalítico realizado com diversos pacientes, de diferentes idades, que analisei em 24 anos de trabalho.

Capítulo I
A FACE ESTÉTICA DO SER

Não sei o que me oprime o coração — se é minha alma que deseja sair, ou a alma do mundo batendo em meu coração para entrar.

RABINDRANATH TAGORE, 1991, poema 168

Conheci Ricardo[1] quando ele tinha 15 anos de idade e já havia estado em psicoterapia por 9 anos. Sua analista anterior não pôde dar continuidade ao trabalho terapêutico e o encaminhou para mim com o diagnóstico de autismo. Recebi-o para nosso primeiro encontro na porta do consultório. Ele parecia agitado e ansioso. Entrou na casa abruptamente, dirigindo-se rapidamente para os vários cômodos, abrindo portas de armários, gavetas, tudo o que encontrava. Enquanto se movimentava, repetia de forma estereotipada alguns sons que produzia com a boca. Eu o acompanhava por todas as salas procurando conhecê-lo. Ele se deteve quando, ao abrir uma gaveta, encontrou um pacote de bolachas, que devorou rapidamente. Assinalei-lhe a angústia que ele parecia sentir por vir ao encontro de um desconhecido, principalmente, após a perda da antiga terapeuta com quem estava acostumado a trabalhar. Observei que, após minha fala, ele chorava com um único olho. Comentei, então, que o olho chorava pela ausência da terapeuta a quem ele não via mais.

1. Os nomes utilizados, ao longo deste trabalho, são fictícios.

As sessões prosseguiram. Ao longo do tempo, ele ficava mais tranquilo na sala de análise comigo. Eu procurava ficar atento às mínimas manifestações de suas angústias. Frente ao aparecimento brusco de uma angústia, ele entrava em pânico e gritava desesperadamente. O sofrimento parecia imenso e faltavam-lhe recursos psíquicos para dar qualquer tipo de contorno ou representação a suas vivências. Não conseguia se comunicar, nem com palavras, nem com brinquedos. Sabia algumas palavras que pareciam ser importantes mais por suas sonoridades do que por seus significados. Eram frequentes a ecolalia, o balanceio do corpo e os risos sem contexto. Parecia resolver qualquer situação que se lhe apresentasse através da ingestão voraz de alimentos e de gritos.

A ligação que estabelecia com a situação analítica se fazia por meio dos biscoitos que encontrava no consultório. As diferentes tentativas de interpretação frente ao que ocorria nas sessões eram infrutíferas.

Certa vez, decidi ter um biscoito comigo para dar-lhe a fim de que ele não tivesse de apanhá-lo no armário. Era uma tentativa que eu realizava na esperança de ter acesso a ele. Minha ideia era que talvez fosse possível associar o biscoito a mim. Sua reação foi surpreendente, pois assim que lhe ofereci o biscoito, ele o apanhou e o engoliu de uma só vez. Olhou fixamente para meu peito e vomitou sobre mim para, em seguida, devorar o próprio vômito. Esta situação repetiu-se inúmeras vezes, sempre que eu tentava lhe dar o biscoito. Para mim era evidente que lhe era impossível suportar que eu existisse em alteridade, sem que ele tivesse tido a oportunidade de criar-me como um objeto subjetivo. Meu gesto era vivido como intrusão, e com seus vômitos ele tornava o alimento um objeto desumanizado. Na sala de trabalho havia uma sacola, que era usada apenas por ele, com diversos objetos:

barbante, lápis, papéis, plastilina, carros, soldados de plástico, jogos e quebra-cabeças. Só lhe interessavam os quebra-cabeças: desenhos coloridos de personagens de histórias infantis, recortados em peças pequenas, que precisavam ser reunidas para que as cenas desenhadas aparecessem.

Ricardo pegava um quebra-cabeça, logo após a ingestão do biscoito, e passava um longo período montando-o. De tempos em tempos, ele parava sua atividade para emitir alguns sons, que repetia inúmeras vezes e, então, ria da sonoridade produzida. Essa atividade parecia-me, inicialmente, circular e autoerótica.

O tempo passava, e eu procurava basear minhas intervenções sobre as flutuações emocionais que pareciam acontecer ao longo da sessão e do processo psicoterápico. Algumas vezes, elas pareciam produzir algum movimento significativo na sessão, na maior parte das vezes, contudo, minha fala entrava na circularidade da ecolalia.

O enquadre que utilizava com ele era bastante firme. Nas primeiras sessões, Ricardo, em sua agitação, espalhava-se por toda a casa onde eu tinha o consultório. Percebi a necessidade de, a cada sessão, levá-lo diretamente para a sala de atendimento assim que chegasse para nosso trabalho. A porta da sala era trancada até o final da hora. Esses procedimentos tiveram como efeito auxiliá--lo a se organizar melhor e evitaram o aparecimento de intensas angústias de aniquilação.

Os anos se passaram e, algumas vezes, frente à ecolalia e à repetição das atividades, sentia-me desanimado e perguntava-me se chegaríamos a algum lugar. Havia progressos em seu dia a dia, mas me pareciam bastante limitados.

Em uma sessão em que o desânimo me acompanhava, disse--lhe alguma coisa tentando mais uma vez fazer uma intervenção.

Ele a repetiu, como sempre, mas algo, pela primeira vez, chamou-me a atenção: não se tratava de mera repetição, a melodia da frase que ele dizia era diferente da melodia de minha fala. Era uma melodia que eu reconhecia tê-lo ouvido usar inúmeras vezes. Fiquei perplexo com o que eu estava observando! Pensei: aí está ele — na melodia! Cantarolei a melodia que ele tinha usado, sem utilizar as palavras da frase. Ele me olhou, pela primeira vez, fixamente nos olhos, sorriu, bateu palmas e emitiu uma outra melodia para que eu a repetisse. Devolvi-lhe a melodia e, em resposta, ele pulou alegremente pela sala, criou uma outra melodia, e o jogo se repetiu. Estávamos nos comunicando! Estabelecia-se o objeto subjetivo.[2]

Lembrava-me, enquanto brincávamos daquele modo, do filme *Contatos imediatos de primeiro grau*, de Spielberg, no qual uma comunicação é estabelecida entre os humanos e os alienígenas, pelo uso de sons. De fato, éramos como dois seres de mundos distintos que se encontravam na música. Até aquele momento, quando trabalhávamos juntos, sempre ouvi suas repetições de minha fala como ecolalia; não havia percebido que, na melodia, apresentava-se o que potencialmente poderia constituí-lo na relação transferencial.

Antes desse episódio, frequentemente eu tinha me perguntado onde estaria a criatividade primária desse garoto, já que do ponto de vista das concepções de Winnicott a criatividade jamais é destruída. Para ele (1971), na origem do *self* está a tendência do indivíduo,

---

2. O objeto é primeiro objeto subjetivo para depois ser objetivamente percebido. O objeto subjetivo nasce da experiência da ilusão, dando início à existência de um sentido de si mesmo. O objeto subjetivo acontece em um campo de experiência onipotente, onde não há diferenciação entre o eu e o não eu.

A face estética do ser | 37

geneticamente determinada, de permanecer vivo e de se relacionar com objetos que aparecem no horizonte quando chega o momento de alcançá-lo. Nas condições adversas, o indivíduo retém alguma coisa pessoal, mesmo que em segredo, nem que seja o respirar. A criatividade é compreendida por ele como a habilidade de criar o mundo. A criança está pronta para encontrar o mundo de objetos e de ideias, e a mãe apresenta o mundo ao bebê. Por sua grande adaptação, a mãe possibilita que o bebê experimente a onipotência, para que ele realmente encontre o que criou. Cada bebê começa com uma nova criação do mundo. O que criamos já estava lá.

Toda a questão da constituição do *self* e da subjetividade centra-se no uso da imagem, da forma sensorial, que apresenta o estilo de ser do indivíduo, em gesto criador do outro e do mundo. Winnicott (1968), em uma passagem que considero muito bonita, nos diz:

> Temos de dizer que o bebê criou o seio, mas não poderia tê-lo feito se a mãe não chegasse a ele com o seio, exatamente naquele momento. A comunicação para o bebê é: "Chegue ao mundo criativamente, crie o mundo: somente o que você cria é que possui significado para você". A seguir, vem: "O mundo está sob seu controle". A partir dessa **experiência de onipotência** inicial, o bebê está apto a começar a experimentar a frustração, e mesmo a chegar, certo dia, ao outro extremo da onipotência, ou seja, à sensação de ser um mero pontinho num universo, o qual já existia antes de ele ser concebido, e concebido por dois genitores que estavam tendo prazer um com o outro. Não é a partir de **serem Deus** que os seres humanos chegam à humildade apropriada à individualidade humana? (p. 49).

Ricardo emitia sua melodia para o espaço sem fim. Não havia, até então, presença humana que pudesse devolvê-la a ele, para reconhecê-lo como ser e como presença singular no mundo, condições necessárias para o posterior surgimento do fenômeno da comunicação. A sonoridade era a maneira peculiar desse garoto de criar o objeto subjetivo.

É interessante assinalar que a música tinha um lugar especial em sua vida. Era comum ele passar longos períodos de tempo cantarolando uma melodia. Ele também parecia gostar mais de alguns cantores do que de outros. Era na sonoridade que ele tinha possibilidade de se constituir. Estamos diante de fenômenos que iniciam o sujeito na experiência de ser, para então poder existir como ser humano. Repetir o perfil sonoro que ele emitia era ecoar a singularidade de sua existência. O terrível é emitir um som sem que ele jamais seja ecoado por outro ser humano, o que significa perder-se em espaços infinitos, aniquiladores de qualquer registro de vida psíquica.

Ecoar sua sonoridade era possibilitar que o paciente encontrasse ou reencontrasse sua criatividade primária, era o estabelecimento do objeto subjetivo que daria ao paciente a condição de encontrar o gesto criador, o suporte para surgimento de uma vida pulsional pessoal.

Langer (1941) afirma:

> Se agora seus atos audíveis suscitam ecos no ambiente — isto é, se seus pais lhe respondem — há um aumento de experiência; pois o bebê parece reconhecer, gradualmente, que o som que lá ocorre, e lhe chega, é o mesmo de sua lalação. Trata-se de uma abstração rudimentar: por esta mesmice, torna-se cônscio do tom, o produto de sua atividade, que lhe absorve o interesse. Repete o referido som de preferência a outro. Seu ouvido efetuou seu primeiro julgamento. Um som (tal como da-da, ou ma-ma, provavelmente) foi concebido e sua difusa consciência de vocalização cede lugar à consciência aparentemente agradável de um vocábulo (p. 131).

A face estética do ser | 39

O bebê vive mergulhado em sinestesias, sons, temperaturas, cores e cheiros. Tenho observado que cada pessoa constitui seu *self* e sua maneira de ser, por meio de determinada forma sensorial que ganhou predominância no mundo do bebê que ele foi.[3] Para alguns a visão é o sentido fundamental; para outros, o tato, ou o uso da musculatura, a sonoridade, o ritmo e assim por diante. É pela forma sensorial privilegiada para um determinado indivíduo que se abre à constituição do objeto subjetivo e seu estilo de ser. Mais tarde, em etapas de maior maturidade, teremos o próprio eu do indivíduo ancorado naquele grupo de formas sensoriais que foram os elementos constitutivos de seu *self*.[4] O indivíduo pode sofrer uma dispersão do eu, com o aparecimento de vivências de pânico e de loucura, quando esses elementos que funcionam como âncora sensorial do eu são atingidos e postos em pane por situações do cotidiano.[5]

3. Este fenômeno parece estar relacionado com a constituição do bebê e das características de seu meio ambiente. Assim, como afirma Winnicott (1968), faz realmente diferença se o bebê nasce de uma beduína num local onde a areia é quente, de uma prisioneira política na Sibéria ou da esposa de um comerciante de uma região úmida da Inglaterra. Há uma conjunção dos aspectos constitucionais e das características físico-culturais do meio ambiente da criança. Um bebê nasce de todas as várias maneiras, com o mesmo potencial herdado. Ao nascer, reúne experiências de acordo com o ponto no tempo e no espaço em que ele surgiu.
4. Diferencio o *self* do "eu". Compreendo o *self* como uma organização dinâmica que possibilita a um indivíduo ser uma pessoa e ser ele mesmo. Trata-se de uma organização que acontece dentro do processo maturacional com a facilitação de um meio ambiente humano. A cada etapa desse processo há uma integração cada vez mais ampla decorrente das novas experiências de vida. O "eu" seria, para mim, um campo representacional que possibilita ao indivíduo uma identidade nas dimensões do espaço e do tempo. É importante ressaltar que nem o *self* e nem o "eu" confundem-se com o ego, que é uma das instâncias intrapsíquicas de caráter funcional, articulador das demandas do id, do superego e da realidade.

A experiência vivida com Ricardo permitiu que ele se organizasse ao redor da melodia, da sonoridade. Nos momentos em que se sentia angustiado, procurava alguém com quem pudesse estabelecer o jogo da repetição da melodia para que pudesse voltar a se organizar. Ele saiu daquela situação de funcionamento autístico para outra em que tinha a consciência de si e de seu profundo sofrimento. Ele saía da organização defensiva, que o colocava em um estado de invulnerabilidade, para poder recuperar a memória das ansiedades impensáveis (Winnicott, 1965). O trabalho posterior foi auxiliá-lo, e também a família, a enfrentar e a lidar com o terror que ele vivia frente a sua situação psíquica.

Gostaria de ressaltar a reação de Ricardo quando me foi possível reconhecê-lo em sua melodia. Seus olhos ganharam vida, lacrimejaram, e ele se mostrava alegre, pulando, batendo palmas, sua satisfação era grande. O reconhecimento do outro possibilita sua própria existência enquanto ser. Esse é um dos pontos mais relevantes na condução do processo psicoterápico, algo que está relacionado à função do espelho exercida inicialmente pela mãe. Winnicott chamava atenção para esse aspecto quando dizia que praticar psicanálise não era fazer interpretações espertas, mas sim devolver ao paciente o que ele traz de si mesmo.

Tenho observado que esse acontecimento é vivido pelo paciente como uma experiência de satisfação e de caráter estético. O paciente demonstra seu agrado com vivências de encanto, de alegria ou

---

5. Uma pessoa para quem a musculatura era o elemento sensorial da organização do eu vivia situações de pânico e sentia-se louca quando por alguma razão era imobilizada.

de beleza. Trata-se de uma ocorrência que independe do quadro psicopatológico apresentado pelo analisando. O reflexo especular (Winnicott,1967) fornecido pelo outro abre a possibilidade de o paciente encontrar a si mesmo e, ao mesmo tempo, ao outro. Esse fenômeno frequentemente vem acompanhado da vivência de encanto, experienciada pelo paciente e também pelo analista.

Helen Keller, em sua autobiografia, ao relatar o momento em que associa pela primeira vez a palavra água com a experiência de tocar a água, diante de sua professora, afirma: "soube então que á-g-u-a significava algo maravilhoso e frio que escorria sobre minha mão. Aquela palavra viva despertou-me a alma, deu-lhe luz, esperança, alegria, libertou-a" (*apud* Langer, p. 72). Os sentimentos descritos por Keller são muito próximos aos de Renée, após "o milagre das maçãs" relatados no capítulo anterior (p. 15). Ambas descrevem o surgimento do **maravilhoso**. As coisas banham-se em sentidos e significados outorgados por uma relação de criação pessoal do mundo.

A experiência de encanto anuncia o emolduramento de aspectos fundamentais do *self* do paciente, que aguardavam a possibilidade de vir-a-ser. Esse é, por esta razão, um rico sinalizador para o analista do lugar em que o *self* **central**[6] vive em estado de crisálida. O aparecimento dessas experiências pode ocorrer por meio da sonoridade, como no caso relatado, outras vezes, pela imagem, pelo texto, pela palavra potencialmente poética, por elementos que apresentam o estilo de ser, pela formulação dos

---

6. Denomina-se *self* central o potencial herdado que é experienciado como uma continuidade de ser, e que adquire em seu próprio modo e em sua própria velocidade uma realidade psíquica e esquema corporal pessoais (Winnicott, 1960).

enigmas da existência do paciente e pelas funções ou aspectos do *self* do analisando.

O encontro com qualidades estéticas abre inúmeras possibilidades de desenvolvimento para a criança. É aqui que se iniciará, também, o surgimento de formas que apresentarão o estilo de ser[7] do indivíduo, elementos que estamos denominando símbolos de *self*.

Em trabalho anterior (Safra, 1995), assinalei esse fenômeno relacionando-o com a teologia do ícone russo. O ícone, na teologia cristã ortodoxa, é compreendido como um tipo de símbolo muito especial, em que a imagem é presença de ser. Não é uma representação, mas é presença. O ícone é interface entre o finito e o infinito, entre o transcendente e a temporalidade. Trata-se de um campo simbólico de grande sofisticação, que articula ser e imagem.

No encontro humano, em que a experiência estética inaugura a possibilidade de existir como ser frente a um outro, temos a entrada do indivíduo em uma capacidade de articulação de símbolos de *self*, que constituem e apresentam as vivências de seu existir em seu estilo singular de ser. São imagens que adquirem importância, pois são **presenças de ser**.

Observamos, ao longo do desenvolvimento do indivíduo, um processo contínuo de criação desses símbolos de *self*. Eles sofrem metamorfoses nas quais são veiculadas experiências existenciais cada

---

7. O estilo de ser compõe-se das características da manifestação na forma expressiva utilizada pelo indivíduo. O estilo apresenta a singularidade da pessoa. Ele é estabelecido pela campo sensorial mais importante na constituição do *self* do indivíduo, da biografia e dos enigmas de vida característicos de seu grupo familiar. Esses enigmas são transmitidos de uma geração a outra dentro de uma história familiar, de maneira tal que os diferentes membros de um grupo familiar procuram dar solução àquela questão por meio de seu percurso de vida pessoal.

vez mais amplas e mais sofisticadas. É um processo que se inicia com a mãe sendo o primeiro ícone do ser[8] da criança, alcançando, gradativamente, ao longo do processo maturacional, símbolos de *self* no campo cultural. *Self* e criatividade estão indissoluvelmente ligados. Criar é existir, não só como ser biológico, mas como ser acontecendo em gesto e símbolos que articulem, de forma singular, as questões existenciais daquele sujeito. Mãe e pai fornecem à criança, com suas presenças vivas, um campo simbólico, um repertório simbólico e, ao mesmo tempo, possibilitam e permitem que a criança imprima sua singularidade nesse campo. Abre-se a partir daí a possibilidade de intercâmbio contínuo entre o sujeito e o outro, entre a vida subjetiva e a realidade compartilhada, entre o indivíduo e a cultura.

Inicia-se um movimento simbolizante, que permanecerá ao longo da vida, o qual se caracteriza por tornar familiar o não familiar. É algo próximo do que se observa em experiências de etologia, em que o cachorrinho, por exemplo, urina em vários pontos do território para torná-lo próprio por meio de seu cheiro impregnado nos espaços. Estamos diante de um processo simbolizador, cuja função primordial não é a representação do objeto ausente, mas a articulação de formas plásticas que

---

8. Winnicott assinala, em 1951, em seu artigo sobre fenômenos transicionais, que em algum ponto teórico do desenvolvimento primitivo de todo ser humano o bebê, em um ambiente provido pela mãe, é capaz de conceber a ideia de alguma coisa que poderia ir ao encontro da crescente necessidade que surge da tensão instintiva. Acho bastante interessante falar de "conceber" em uma época em que não poderíamos fazer referência à existência de uma mente, do ponto de vista winnicottiano. Estaríamos, então, assinalando uma capacidade do bebê humano de criar imagens sensoriais que dão início a sua possibilidade de ser. Dessa forma, à medida que a mãe se organiza, segundo as características de seu bebê, permite que ele a crie, o que significa que o corpo e o mundo da mãe não só apresentam o estilo do bebê, mas são corpo do bebê.

possibilitam que o indivíduo exista no mundo. O bebê, por meio desse processo, torna a mãe e o mundo extensões de si mesmo (*vide* Milner, 1952, 1957).

Ao ser possível o acontecimento do processo descrito em uma relação intersubjetiva, há o aparecimento da experiência estética. Nesse encontro estético, inicia-se também a possibilidade de conhecer o mundo e o outro de forma pessoal, de maneira que seja significativa para o sujeito. No jogo de especularidade, a partir do momento em que o indivíduo é reconhecido pelo outro, o mundo pode ser criado e pode vir a ser conhecido com satisfação. Esse é um ponto extremamente importante em alguns dos assim chamados "problemas de aprendizagem". Se a criança não criou o mundo, ele lhe parece sem sentido e excessivamente outro. Não aprender é a única maneira de preservar uma maneira pessoal e autêntica de ser. Aprender nessas condições não se discrimina de viver uma experiência de submissão e intrusão.

Um menino de 9 anos de idade foi trazido à análise por dificuldades de relacionamento com colegas e por problemas de aprendizagem. Parecia alheio a tudo o que se passava a seu redor. Em classe, era descrito como muito distraído. Inicialmente, na situação analítica, comportava-se da mesma forma. Com o passar do tempo, foi se revelando que ele tinha uma vida paralela em sua imaginação. Em seus devaneios vivia grandes aventuras submarinas, e a realidade com o outro era descatexizada. Aos poucos, foi sentindo confiança em trazer para a situação transferencial seu mundo privado. Na sala de análise, "nadávamos", "mergulhávamos", "encontrávamos espécies de vida submarina muito interessantes", "lutávamos com tubarões e baleias". As atividades, que antes eram só parte de sua vida imaginativa e que o retiravam do mundo, transformavam-se em campo de experiências com o outro. Essas

A face estética do ser | 45

aventuras iam ganhando significação pelas relações estabelecidas nas sessões entre sua história de vida e seu brincar. Ele buscava com esperança chegar, um dia, a ser um menino entre outros, no mundo da realidade compartilhada. Seu anseio era não ser mais um peixe fora d'água. Os peixes pareciam-lhe donos de um mundo imenso e maravilhoso à espera de serem encontrados. Identificava-se com heróis marinhos (Príncipe Submarino, Netuno), que corajosamente podiam superar seus medos e ampliar o horizonte de suas vidas. Por intermédio do mundo submarino, falava de cada uma das questões que o impediam de ocupar um lugar no mundo com os outros.

No momento em que esses temas foram utilizados por seus professores para ensiná-lo, pôde rapidamente assimilar os conhecimentos que até então pareciam ser por demais difíceis. O processo de aprendizagem ocorreu, a partir daquele ponto, no campo da ilusão e de suas experiências estéticas. Temos aqui um desenvolvimento da capacidade de pensar e de conhecer que não é só do registro do cognitivo, mas também é da ordem do estético, que Winnicott chamou de intuição.

A esse respeito, Winnicott nos diz:

> De um ponto de vista positivo, pensar é parte do impulso criativo, mas há alternativas ao pensar e essas alternativas têm alguma vantagem sobre o pensar. Por exemplo, o pensamento lógico toma um longo tempo e pode nunca chegar lá, mas um raio de intuição não toma tempo e chega lá imediatamente. A Ciência necessita das duas maneiras para seguir em frente. Aqui nós procuramos por palavras, pensamentos e tentamos ser lógicos, inclusive estudamos o inconsciente que nos dá uma vasta extensão do espectro da lógica. Mas, ao mesmo tempo, necessitamos ser capazes de conseguir símbolos e de criar imaginativamente e em linguagem pré-verbal; precisamos ser capazes de pensar alucinatoriamente (1965a, p.157, nossa tradução).

Langer (1941, p. 120) cita a experiência de E. M. Itard com um menino selvagem chamado Victor, que é referido como "O selvagem de Aveyron", encontrado no sul da França, em 1799. Itard relata:

> No quarto dia disso, meu segundo experimento, consegui o maior de meus desejos; ouvi Victor pronunciar distintamente, de um modo, devo confessar, um tanto áspero, a palavra "*lait*", que repetiu quase incessantemente: era a primeira vez que um som articulado escapava de seus lábios e, ao ouvi-lo, é claro, senti a mais viva satisfação. Efetuei mais tarde uma observação, que diminuía muito da vantagem que era razoável esperar do primeiro exemplo de êxito. Não foi antes do momento, em que, desesperado de um resultado feliz, de fato verti leite na xícara que ele me apresentava, que a palavra "*lait*" lhe escapou novamente, com evidentes demonstrações de alegria; e não foi antes que eu despejasse uma segunda vez, à guisa de recompensa, que ele repetiu a expressão. Desde então, ficou evidente que o resultado da experiência estava longe de realizar minhas intenções; a palavra pronunciada, em vez de ser o signo de uma necessidade, parecia, desde o momento em que foi articulada, constituir mera exclamação de alegria. Se a palavra tivesse sido pronunciada antes que a coisa por ele desejada fosse concedida, meu objetivo estaria realizado: então, Victor haveria de adquirir em breve o verdadeiro sentido da fala: um ponto de comunicação ficaria estabelecido entre ele e eu e o mais rápido progresso deveria necessariamente seguir-se. Em vez disso obtivera apenas uma expressão do prazer que ele sentia, insignificante no que lhe dizia respeito e inútil para nós dois. Em geral era apenas durante o desfrute da coisa que a palavra "*lait*" era pronunciada. Às vezes, por acaso, ele a pronunciava antes, em outras ocasiões, um pouco depois, mas sempre sem qualquer vista ao seu uso. Não mais atribuo qualquer importância maior à sua repetição espontânea da palavra, quando por acaso ele acorda no meio da noite (tradução da edição brasileira).

Itard tinha a intenção de ensinar Victor a utilizar a linguagem como meio de comunicação, preocupava-se que a palavra fosse o signo de uma necessidade. Essa perspectiva o levou a desprezar um uso da palavra mais próxima da experiência estética. É interessante observar como Victor utiliza a palavra "*lait*" no momento em que o leite surge em seu horizonte psíquico. Esses elementos parecem apontar para o fenômeno da criação do objeto subjetivo. O leite é **criado** pelo menino! O pesquisador tinha a expectativa de que Victor tivesse um funcionamento que já implicaria uma diferenciação eu/não-eu; quando o menino se encontrava ainda em um período do desenvolvimento psíquico mais primitivo, ele parecia estar nos primórdios da constituição do *self*.

De qualquer forma, podemos notar a potencialidade do fenômeno estético na construção de si, do mundo e do conhecimento. Poderíamos afirmar que só conhecemos de maneira significativa a porção do mundo que conseguimos criar. A experiência estética não ocorre por meio das categorias sujeito/objeto e, por essa razão, dá ao indivíduo a possibilidade de, em um único gesto, constituir-se e também criar, amar e conhecer o mundo.

Essa perspectiva de compreensão da constituição da subjetividade humana é bastante presente na filosofia russa. Considero as formulações de Florensky[9] (1912) bastante relevantes para os fenômenos que procuro estudar neste trabalho. Para ele, a estética não se separa da ontologia e da gnoseologia, e o fenômeno estético não se separa do conhecer e do ser. O fenômeno estético dá entrada à pessoa para a possibilidade de ser no mundo. O gesto criador pode, segundo esse autor, ser visto por três vértices distintos: pela perspectiva da estética como **beleza**, pelo vértice do conhecimento

9. Pavel Florensky (1882-1937) foi filósofo, físico, químico, matemático e padre da Igreja Ortodoxa russa. Deu contribuições importantes no campo da semiótica, da arte e da estética. Por sua erudição, foi muitas vezes chamado de o Leonardo da Vinci russo. Foi exilado pelo governo soviético na Sibéria, onde faleceu.

como **verdade** e pelo ângulo da relação como **amor**. É por esse prisma que vejo o estabelecimento do objeto subjetivo. Só adicionaria a esses três aspectos, mencionados por Florensky, um quarto elemento: do ponto de vista do ser no mundo, esse fenômeno poderia ser visto como **encarnação**. Com isso estou querendo assinalar que o objeto subjetivo dá também entrada ao processo denominado por Winnicott de personalização, em que o psiquismo, pela elaboração imaginativa das funções corporais, passa a residir no corpo.

O encontro estético possibilita que as formas sensoriais, que se organizam de maneira privilegiada na relação mãe-bebê, constituam o ponto focal do desenvolvimento da vida imaginativa. Nele, a experiência da beleza, do conhecimento, do amor e da encarnação ocorrem ao mesmo tempo. Por intermédio desse fenômeno, há o estabelecimento de uma **ética do ser**. Nela, o indivíduo passa a conhecer o que é bom para seu vir-a-ser e para seu alojamento no mundo, acha-o belo e o ama. Trata-se da experiência de conhecer sem pensar a respeito de si e dos objetos do mundo, que lhe abrem novas dimensões de seu devir e do próprio mundo.

As formas estéticas têm sua origem nas configurações do corpo da criança em contato com o corpo da mãe. Este se organiza segundo o que a mãe percebe em seu bebê. Esse processo permite que a criança habite um corpo, que foi significado pela presença afetiva do outro. Dessa forma, tocar uma parte de seu corpo é reencontrar a experiência afetivo-existencial vivida com a mãe ou seu substituto, é ter acesso a um repertório imaginativo através do qual o psíquico vive no corpo.

Simone Weil (1989, p. 48) esclarece: "As 'imagens' são os vestígios das coisas sobre o corpo, vestígios que, na realidade, são os das reações do corpo em relação às coisas".

Esse é um fenômeno bastante importante do ponto de vista clínico. Algumas vezes, encontramos pacientes nos quais áreas de seu corpo não foram significadas pela presença de um outro. Passam a ser regiões em que o paciente desaparece na escuridão do nada. A pessoa tem uma experiência de tipo psicótico, em que o *self* é aniquilado. Alguns pacientes buscam uma solução mediante uma excessiva erotização daquela região, outros surgem com manifestações psicossomáticas, que se comunicam em queixas, na busca e esperança do encontro com um outro que lhes dê a possibilidade de existir naquelas áreas corporais.

As experiências estéticas estão presentes desde o início da vida. Elas dão as condições para que o homem se constitua no mundo. É um acontecer que se abre no corpo encontrado e transfigurado pela presença de um outro significativo em estado de devoção.

Quando a mãe se aproxima de seu bebê, ela o faz por meio de seu corpo, que é corpo transfigurado. Não é simplesmente um organismo biológico, é um corpo banhado por inúmeros encontros, desencontros, signos socioculturais, pela vida dos ancestrais. O corpo materno traz a presença de uma história e se faz doação para ser criado pelo bebê. O corpo materno, nessa etapa, é o próprio corpo do bebê, em que ele pode, paradoxalmente, criar todo o mundo humano já ali presente.

A corporeidade materna traz maneiras de se colocar no tempo, no espaço, no mundo, para que sejam descobertas pelo bebê: trata-se de organizações étnico-culturais que permitem que a mãe possa cuidar de um bebê humano.

Faz realmente diferença se nasci de uma beduína num local onde a areia é quente, de uma prisioneira política na Sibéria ou da esposa de um comerciante na úmida, mas bela, região ocidental da Inglaterra.

Como Valdar, o que nasceu muitas vezes, um bebê nasce de todas as várias maneiras, com o mesmo potencial herdado, mas, a partir da palavra **Vá!** experimenta e reúne experiências de acordo com o ponto no tempo e no espaço em que ele ou ela surgiu (Winnicott, 1968, p. 37).

O encontro estético entre mãe e bebê dá início ao processo de elaboração imaginativa do corpo, em que cada função é presença de outro humano. Dessa forma, a partir desse fenômeno, o corpo da criança é corpo da mãe.

Nessa perspectiva, a capacidade empática da mãe frente a seu bebê, ou o que se denominou de identificação primária, pode ser compreendida como decorrente da configuração estética do corpo materno, segundo as características e necessidades do bebê, fenômeno que surge no estado de devoção da mãe para com sua criança. O corpo materno organiza-se segundo os ritmos e a tonicidade do corpo do bebê.

Observa-se, por exemplo, que o ritmo das vocalizações da mãe para brincar com seu filho é semelhante ao ritmo da movimentação do bebê. Se a mãe muda o ritmo de sua vocalização de maneira a torná-la distinta do ritmo do bebê, a criança imediatamente interrompe seu jogo e se surpreende.

A chamada linguagem pré-verbal é um fenômeno estético. Nele, lemos o corpo do outro com nosso próprio corpo. Mesmo na relação com a natureza, utilizamos sem perceber esse recurso: ao olhar uma árvore, só a percebemos como viva se emprestamos nosso corpo para isso — fazemo-nos imaginativamente árvores. Um corpo não transfigurado pela presença de outros é corpo-coisa e não encontra meios de perceber subjetivamente a vida no mundo.[10]

Winnicott assinalava a importância da presença psicossomática do analista para uma condução satisfatória da análise. Quando estamos diante de alguém, estamos em presença da maneira como essa pessoa organiza o espaço, o tempo, a relação com o outro. Os sons, os cheiros, enfim, tudo contribui para que possamos "intuir" o jeito do outro, seus sentimentos, seus sofrimentos, pois todas essas organizações plásticas nos afetam em nosso corpo. Frequentemente, encontramos na literatura psicanalítica referências à capacidade de o analista intuir os estados emocionais do paciente. Nesses textos, fala-se costumeiramente de apreensão do inefável, de apreensão do não sensorial. Gostaria de fazer uma inversão dessas colocações: "o inefável" acontece no corpo! O que é chamado de intuição e de apreensão não sensorial é, de meu ponto de vista, uma leitura estética da maneira como a pessoa se aloja no corpo.

Se compreendermos que o *self* organiza-se esteticamente, perceberemos que, ao estarmos com o paciente, estamos sendo afetados pelo modo como ele organiza o tempo, o espaço da sessão pela maneira como ele movimenta seu corpo no *setting*. Quer tenhamos ou não consciência dessa questão, lemos esteticamente as situações criadas por ele a partir de nosso corpo. Para mim, os fenômenos chamados de intuição, empatia, identificação projetiva acontecem na dimensão estética. Da mesma forma, quando falamos de ilusão como constitutiva do *self*, estamos falando não de um fenômeno mental, mas estético.

Quando áreas da experiência humana não se constituíram na situação de ilusão como parte dos aspectos do *self*, temos buracos no *self* que ameaçam o indivíduo com a dispersão de si e com as ansiedades impensáveis. O indivíduo, ao deparar-se com formas sensoriais que reapresentam essas áreas de agonia, vive um outro tipo de experiência estética: **o horror!** São áreas de

---

10. Chamemos de **imaginação** *essa transferência para o objeto do que ocorre no corpo do indivíduo* (Weil, 1989, p. 31).

não-ser e de aniquilamento de si. Nelas, a pessoa não encontra a presença de outros que a auxiliem a dar sentido humano e contorno àquelas vivências.

Dentro das experiências estéticas constitutivas, estamos diante de vivências do indivíduo que têm mais qualidade ontológica do que psicológica. O encanto, o horror, o amor, o medo, o conhecer, nesse registro de fenômenos, são experiências ôntico-ontológicas, referem-se ao que denominei de **ética do ser: ao conhecer o bom para seu vir-a-ser, acha-o belo e o ama.**

É frequente crianças que presenciaram situações aviltantes à dignidade humana terem um senso de que "aquilo" é "ruim", "feio" e que invade o sentido de si mesmas, mesmo que a situação tenha ocorrido quando elas ainda estavam em idade muito precoce.

Em minha prática clínica, encontrei inúmeras situações em que pacientes viveram experiências antagônicas à ética do ser e reagiram a elas com a organização de uma forma de loucura, para se defenderem de ansiedades impensáveis. Por outro lado, quando encontram oportunidade de estabelecer o *self*, respondem com sentimentos que têm qualidade ontológica, como os assinalados acima. Essa dimensão tem grande importância clínica, pois é fundamental que o analista possa discriminar entre amor, ódio ou qualquer outro sentimento que tem função psicológica de outros que têm valor ontológico.

Alguns autores, em psicanálise, têm abordado a questão da experiência estética na organização psíquica. Meltzer e Williams (1988) abordaram a apreensão da beleza da mãe pelo bebê a partir de um vértice que enfatiza a experiência do conflito estético. Para eles, esse conflito é fruto do impacto estético vivido pelo bebê frente à bela mãe externa, apreendida pelos sentidos, e o interior enigmático dela, que precisará ser construído pela imaginação criativa.

A face estética do ser | 53

De meu ponto de vista, essa experiência é isenta de conflito,[12] desde que haja um real espelhamento por parte da mãe de seu bebê, que é a condição necessária para o surgimento da ilusão constitutiva do *self*. Acredito que o conflito estético ocorra nas situações em que a mãe não pode suportar ser criada por seu bebê, o que a leva a invadir o espaço existencial do bebê. São mães que acabam aprisionando a criança em um fascínio sedutor, impedindo que o bebê experimente sua criatividade primária e, posteriormente, seu desejo. A saída utilizada frequentemente por essas crianças é o desenvolvimento precoce das funções mentais para controlar a sedução paralisadora da mãe. Aqui, sim, vamos encontrar o aparecimento do conflito estético em que o bebê, cativado pela beleza da mãe, precisa pesquisar o interior dela a fim de se localizar frente às intenções maternas. A mãe torna-se um objeto ambíguo que atrai por sua beleza, mas aterroriza porque rouba o bebê de seu ser.

Um paciente de 34 anos tinha experimentado o fascínio paralisador de sua mãe. Desde as primeiras sessões de análise, falava sobre a beleza de sua mãe. Trazia em sua carteira uma fotografia dela e, sempre que tinha oportunidade, mostrava-a para as pessoas a fim de que elas também contemplassem sua beleza.

Ele vivia em um aprisionamento estético. Viajava frequentemente, sempre acompanhado de uma câmera de filmar e de uma máquina de fotografia. Suas viagens sempre se transformavam em agonias, pois buscava realizar belas imagens para mostrar aos conhecidos; entretanto, ao retornar, desesperava-se porque não

---

12. Ao assinalar que a experiência estética entre mãe e bebê é isenta de conflito, quero dizer que não há falha excessiva. No entanto, nesse interjogo estético ocorrem dissonâncias que não ultrapassam a possibilidade do bebê de tolerá-las.

tinha realmente viajado, já que estava sempre atrás de uma lente e também suas imagens nunca eram perfeitas o suficiente. Esse mesmo processo ele vivia em relação à imagem que tinha para os demais. Buscava desesperadamente produzir uma imagem que fosse tão bela quanto a de sua mãe, sem jamais conseguir seu intento.

Em consequência desse tipo de situação, vivia em um mundo bidimensional sem que conseguisse sua entrada no mundo. Precisava criar seu ser, reencontrar sua criatividade primária, que estava petrificada pelo rosto fascinante de uma mãe medusa. Aqui, de fato, estávamos diante de um conflito estético.

Também Bollas (1987) aborda o fenômeno estético como elemento importante na constituição do *self* criança. Ele enfatiza a estética da mãe nesse processo:

> A dor da fome, um momento de vazio, é **transformada** pelo leite da mãe em uma experiência de plenitude. Essa é uma transformação primária: vazio, agonia e raiva tornam-se plenitude e contentamento. A estética dessa experiência é a forma particular pela qual a mãe satisfaz as necessidades do infante e transforma suas realidades internas e externas. Lado a lado com a experiência subjetiva do infante de ser transformado, está a realidade, que é ele estar sendo transformado de acordo com a estética da mãe (p. 51).

Não concordo com Bollas em alguns pontos. Não me parece que possamos falar de experiência de transformação nessa etapa da vida; para mim estamos lidando com **aberturas** de possibilidades de ser. Também não acredito que seja adequado falar em realidade interna e realidade externa quando o que está se dando é a constituição do *self* para que, em um outro momento do processo maturacional, o estabelecimento da realidade interna

A face estética do ser | 55

possa ocorrer.[13] Por último, penso que a estética desse momento está mais em função da criatividade do bebê do que da mãe. É verdade que a mãe apresenta uma estética própria, mas que necessita estar, pela devoção, subordinada ao ser da criança. Penso ser importante manter discriminada a experiência estética como fundante da ilusão, do impacto estético, fruto do fracasso da ilusão.

13. Winnicott assinala que o mundo interno é decorrente da fantasia sobre o interior do corpo, fenômeno que pode ser investigado a partir do estabelecimento da discriminação entre eu e *não-eu*.

Capítulo II
ERA UMA VEZ O TEMPO

*O ponteiro dos segundos
É o exterior de um coração.
Conta a minutos os mundos,
Que os mundos são sensação*

FERNANDO PESSOA, 1932, poema 754

O criar parece ser fundamental para que os diversos elementos que venham a fazer parte da constituição do *self* sejam vividos pelo indivíduo como aspectos significativos e expressivos de seu estilo de ser. Milner (1957) apresenta uma analogia interessante e feliz para falar desses fenômenos ao dizer que o bebê funciona como um Shiva criando o mundo: abrir os olhos equivale a dizer "haja luz", abrir a boca é criar o mamilo e assim por diante.

Com a experiência do tempo ocorre o mesmo processo. Há diferentes vivências de tempo que acontecem ao longo do processo maturacional do ser humano e que também podemos observar na situação analítica.

Conhecemos em nossa cultura, principalmente, um tipo de experiência temporal que é vivida como sequencial, como fruto de deslocamentos no espaço. Trata-se de uma concepção de tempo que se origina de ideias sobre a causa e seus efeitos. Nela, o tempo é convencionalmente medido por padrões estabelecidos socialmente como, por exemplo, o calendário, o relógio.

O tempo assim concebido é um dos elementos fundamentais para nossa apreensão da realidade compartilhada, algo que vamos encontrar na literatura psicanalítica conceituado como "processos secundários". É um sentido de tempo que organiza as experiências vividas pelo indivíduo ao longo de sua vida, dando a ele uma representação de si mesmo, como alguém que tem uma história, que pode ser narrada, datada e significada pelas medidas temporais convencionadas. Mas isso é só parte do fenômeno, extremamente complexo, das diferentes vivências temporais experienciadas pelo ser humano.

Débora procurou análise aos 19 anos de idade. Dizia já não suportar suas experiências. Chorava desesperadamente, algumas vezes gritava, tentando dessa forma comunicar o horror de sua experiência psíquica. Dizia que já não se reconhecia e que a pessoa que tinha sido no passado não mais existia.

Em suas sessões, estava sempre desesperada e em estado permanente de horror. Em casa, as mesmas vivências aconteciam ao longo do dia e, à noite, não conseguia dormir. Passava as noites chorando e gritando.

Só gradualmente, em meio a choros e gritos, pôde ir me contando algo que se assemelhava a uma história. Era a caçula de cinco filhos. Sua família tinha imigrado para o Brasil pouco antes de seu nascimento. O processo de inserção da família no meio cultural brasileiro foi difícil. Passaram por situações de miséria e de intensas vivências de exclusão, decorrentes de preconceito do qual foram alvos. Débora nasceu em meio a esses acontecimentos, sentindo-se profundamente só. Era uma época em que todos precisavam trabalhar intensamente para que tivessem o necessário para a sobrevivência.

Débora falava de uma solidão que se mesclava com a vivência de ser estrangeira não só no meio social, mas também em sua própria

Era uma vez o tempo | 59

família. Buscou cercar-se de personagens criados em sua imaginação, acalentava-se com histórias inventadas e vividas imaginativamente. Os temas dessas histórias centravam-se em fantasias em que ela era adotada por uma família rica e, mais tarde, imaginava-se sendo pedida em casamento por atores de cinema famosos. Ela dizia que, desde pequena, se sentia em um mundo estranho e que ela própria sentia-se estranha. Também procurou, para lidar com esses sentimentos, aproximar-se de seus professores, na esperança de ser amada e de ser escolhida por eles como aluna especial.

A situação de Débora era complicada. Ela não se sentia pertencendo a nenhum grupo humano, havia uma identificação bastante tênue com sua família. A ruptura cultural vivida pela família comprometia ainda mais seu sentimento de pertencer. Devereux (1965) assinala que se pode falar de um equivalente funcional de um "trauma prematuro" quando minorias desprivilegiadas têm o acesso negado a muitos dos elementos importantes no estabelecimento e manutenção de sua inserção sociocultural. Elas não dispõem do senso de continuidade cultural e ainda ficam excluídas de vivências de autorrespeito, honra, dignidade, de que os outros grupos usufruem.

Podíamos perceber que as rupturas culturais vividas por sua família, na ocasião de seu nascimento, tinham tido consequências sérias na maneira como ela havia se constituído. Vivia na busca de uma adoção-imigração que pudesse apagar as dores vividas por ela e por seus familiares.[1]

Aos 17 anos, Débora apaixonou-se por um rapaz brasileiro. Suas fantasias, aparentemente, tinham para ela, a partir daí, "realidade". Ela o achava bastante parecido com um de seus atores

1. Temos aqui um exemplo de um enigma familiar que é transmitido ao longo das gerações.

cinematográficos preferidos. Imaginava que ele se casaria com ela e lhe daria um novo começo. Parecia ter outorgado a ele o lugar de um objeto subjetivo. O namoro foi rompido pelo rapaz. A partir de então, ele e Débora viam-se esporadicamente. O rompimento foi vivido por Débora não só como a perda de um objeto, mas como uma ruptura em seu próprio sentido de *self*. Tratava-se de uma experiência que a ameaçava com a dispersão de si mesma e que também era vivida como uma fenda em seu senso de continuidade. Era frequente ela dizer que tinha uma vida antes de conhecer o rapaz e que com a separação tinha um nada. Via-se como alguém que só vivia um profundo desespero, sem lugar no mundo. A situação atualizava sofrimentos e rupturas de outras épocas de sua vida. Débora apresentava uma fenda em seu *self*, que parecia ser não só uma ruptura decorrente do desalojamento experimentado por ela, quando menina, frente a seus familiares (identificações primárias pobremente constituídas), como também uma reedição do desenraizamento experimentado por sua família no processo de imigração. Temos, nessa situação, a reatualização da perda do sentido de continuidade. Havia uma quebra do sentido de tempo sequencial: o passado era vivido como um eterno presente, a ruptura era eterna.

A angústia vivida por Débora era fruto de uma brecha na continuidade de seu *self*, que a levava a despencar em uma vivência de *não-ser*, eternamente presente. Ela reagia com um desespero sem contornos e sem fim. Tratava-se de uma experiência em que a solidão era eterna e não havia a presença de um outro que pudesse tornar seu terror pelo menos suportável.

Uma criança, ao nascer, apresenta um determinado ritmo, característico da singularidade de sua constituição. O ritmo parece ser um dos elementos fundamentais na articulação do encontro mãe-bebê.

A mãe devotada reconhece o ritmo particular de sua criança e pode se organizar a partir dele para adaptar-se às necessidades de seu bebê. Por outro lado, o bebê parece também reconhecer os ritmos do corpo de sua mãe. O ritmo pode ser compreendido, principalmente, como um interjogo de tensões e distensões presentes no respirar, nas batidas do coração, na contração e no relaxamento da musculatura, no ciclo das mamadas, no ciclo do sono, na cadência do acalanto, no encontro do corpo materno com o corpo do bebê.[2]

É, inicialmente, no ritmo, que o recém-nascido tem a possibilidade de existir de maneira singular, caso a mãe-meio ambiente possa adequar seu cuidado ao interjogo de tensões característico do bebê. A organização da dupla mãe-bebê segundo esse ritmo constitui um primeiro núcleo ao redor do qual se integram elementos sensoriais, tais como: sensações táteis, sonoras, gustativas, entre outras, que irão compor o *self* do bebê. Esse núcleo sustentado pela mãe ao longo de um período dá ao bebê **duração**[3] em qualidades, levando-o a eventualmente constituir o que poderíamos denominar **tempo subjetivo**. Nesse tempo o bebê existe, com vivacidade, como ser em presença de outro, vivido como

2. É interessante assinalar que o ritmo é um dos elementos fundamentais utilizados pelo ser humano no reconhecimento da vida e da vitalidade nas produções culturais, seja na música, na dança, na pintura, na escultura, entre outras.
3. O termo duração foi utilizado por Aristóteles para se referir ao período de vida de uma coisa. Diversos filósofos trataram do tema. Bergson (1939) separa o conceito de tempo do de duração. Denomina duração o tempo real, não espacializado. Na duração existe uma fluidez da consciência, sem separações, na qual, a cada instante, tudo é novo e tudo é, ao mesmo tempo, conservado. Do ponto de vista dos primeiros estados do *self*, o cuidado proporcionado pelo meio ambiente, sem invasões, dá a condição para que o bebê viva a continuidade de si, em que a duração tem papel significativo.

parte de si mesmo. É um tempo que, por ter surgido a partir do ritmo singular da criança, faz parte de e é seu *self*. Ele é fruto da continuidade de ser do indivíduo e o retira do vácuo da eternidade e do *não-ser*. Resgata-o da angústia impensável.

Pessoas que não puderam constituir o tempo subjetivo sofreram um desencontro precoce entre seu ritmo e a maneira como o mundo se organizou. Estabelece-se uma fratura de *não-ser* em seu *self*, que acarretará um prejuízo na função de realização, na criação da realidade. Trata-se de um ponto focal para o estabelecimento de um conflito com a realidade, o que tem sido chamado na literatura psicanalítica de núcleo psicótico.

Pacientes com esse tipo de problemática necessitam poder organizar o processo psicanalítico segundo seu ritmo pessoal.

É esse tipo de experiência que possibilita o surgimento do tempo subjetivo, que lhes dá acesso à vivência de duração de si mesmos e de sua existência. Isso ocorre de diferentes maneiras na situação analítica. O paciente pode, por exemplo, organizar de forma peculiar o tempo da sessão, ou mesmo a frequência das sessões. O analista pode oferecer 50 minutos, e o paciente, pelos atrasos, pela interrupção da sessão, por não associar, acaba tendo menos tempo de encontro. O analisando tenta por esses meios impor seu ritmo pessoal ao trabalho analítico.

O pior que pode acontecer, nessas ocasiões, é o analista abordar este fenômeno como resistência, o que certamente colocará a análise em impasse, já que se repete, dessa forma, a situação da não constituição do tempo subjetivo. O paciente ficará excessivamente próximo das ansiedades impensáveis, antes que tenha condições psíquicas para abordá-las.

Um fenômeno bastante interessante conectado a essa questão é a maneira como o paciente se relaciona com a frequência das

Era uma vez o tempo | 63

interpretações do analista. O analisando assinala se o ritmo das interpretações do analista é excessivo ou deficiente. Essa é uma questão que não tem a ver, necessariamente, com o conteúdo das interpretações realizadas, mas com a maneira como o ritmo singular do paciente é levado em conta na frequência das interpretações feitas pelo analista.

No texto "The mother-infant experience of mutuality" (1969), Winnicott seleciona um trecho da análise de uma mulher de 40 anos para demonstrar a necessidade que a paciente tinha de estabelecer um contato subjetivo com ele. Esse relato pode ser também interessante para ilustrar a questão do ritmo e do estabelecimento do tempo subjetivo:

> (...) e acabou por ela e eu ficarmos juntos, eu com a cabeça dela em minhas mãos.
> Sem uma ação deliberada por parte de qualquer um de nós, desenvolveu-se um ritmo de embalo. O ritmo era bastante rápido, cerca de 70 por minuto (cf. batimentos cardíacos) e tive algum trabalho para me adaptar a tal ritmo. Sem embargo, lá nos achávamos, com a **mutualidade** expressa em termos de um leve, mas persistente movimento de embalo. Sem palavras, estávamos nos **comunicando** um com o outro, e isto estava se dando em um nível de desenvolvimento que não exigia que a paciente tivesse maturidade mais avançada daquela que se descobrirá possuindo na regressão à dependência da fase de sua análise (...).

Essa experiência partilhada de embalo ilustra aquilo a que quero me referir nos estágios iniciais do cuidado do bebê, cujas pulsões instintuais não se acham especificamente envolvidas. A coisa principal é uma comunicação entre o bebê e a mãe em termos da anatomia e da fisiologia dos corpos vivos. O tema pode ser facilmente elaborado, e os fenômenos importantes serão as provas cruas de vida, tais como os batimentos cardíacos, os movimentos da respiração, o calor do seio, movimentos que indicam a necessidade de uma mudança de posição (p. 200).

Essa é uma vinheta clínica bastante interessante em que uma paciente *borderline* necessitava de uma experiência de mutualidade, e esta se deu pela habilidade que Winnicott teve em adaptar seu ritmo ao dela. Podemos lidar de forma satisfatória com inúmeras situações clínicas quando somos capazes de compreender essas questões.

Recordo-me de uma analisanda de 43 anos que, apesar de ter uma vida com muitas realizações, sentia-se algumas vezes sem um contorno definido. Trazia, entre suas queixas, uma impossibilidade de lidar com o tempo. Sempre chegava a seus compromissos atrasada, esquecia-se de pagar suas contas. Ela vinha de uma análise anterior em que foi trabalhado intensamente seu ódio à realidade. Houve uma tentativa da paciente de se adaptar à realidade e ao tempo compartilhado, mas a sensação de esvaziamento intensificou-se.

No decorrer de sua análise fomos juntos percebendo que ela vivia o tempo organizado socialmente como invasor e como **outro absoluto**. Para ela o tempo convencionado era algo de que não conseguia se apropriar, não era possível torná-lo parte de seu *self*.

Ela organizou o tempo da sessão de maneira particular. Fazia sessões com tempos variáveis até que suas manipulações com o tempo deixaram de ser reativas para serem um jogo. Nessa época, ela disse que tinha descoberto que o tempo podia ser usado como uma matéria plástica[4] para

---

4. É interessante observar como essa sua associação assemelha-se às realizadas pelo paciente apresentado por M. Milner em seu artigo de 1952 "The role of illusion in symbol formation". Ela relata a análise de um menino de 11 anos que tinha um comportamento destrutivo, que gradualmente levou Milner a compreender a importância da experiência da ilusão para a formação de símbolos. Ele a chamava de minha *stuff* (matéria, coisa), algo que se mostrava maleável para suas necessidades de criar e de expressão.

Era uma vez o tempo | 65

se expressar e também jogar. Pouco tempo depois, ela se surpreendeu ao notar que estava utilizando as referências de tempo convencionais: podia chegar a seus compromissos na hora combinada. Curiosamente, após essas aquisições, deprimiu-se, pois tinha consciência de que por não ter tido, em sua história, a oportunidade de constituir o tempo subjetivo, não tinha também experimentado a duração, que lhe permitiria o descanso. Seguiu-se um período, em sua análise, no qual utilizava o tempo da sessão para **estar, durar** no tempo subjetivo estabelecido na situação transferencial. Surgiram as qualidades de sua vida emocional: nuances da tristeza, do gostar, do odiar e assim por diante. Era possível haver passagens.

Ao longo do processo maturacional, teremos diferentes experiências de tempo. O tempo subjetivo é utilizado pela criança como plataforma para novas descobertas no mundo. Há um momento em que a integração do *self* progrediu o suficiente para que seja possível para a criança possuir alguma concepção de eu. Ela pode, então, descobrir e realizar o *não-eu*. Paralelamente, surgem no horizonte psíquico da criança outras noções de tempo.

Com a possibilidade de experienciar o *não-eu*, a criança pode fazer uso da organização do tempo que se dá pelo contraste entre a presença e a ausência do outro significativo. Isso dará a ela, gradualmente, os instrumentos para chegar a viver o **tempo compartilhado**. Evidentemente, o período de ausência, durante o estabelecimento desse sentido de tempo, não pode ser superior à capacidade de tolerância da criança.

Na ocorrência desse contraste há o estabelecimento da noção de temporalidade, a partir das mudanças produzidas no *self* da criança pelo interjogo entre a presença e a ausência do outro: "A 'mudança' não é em si algo representado; ela é dada implicitamente através do contraste de diferentes 'estados', os quais são inalteráveis" (Langer, 1953, p. 119).

Essas mudanças dão o acesso a um outro sentido de temporalidade, apenas se ocorrerem dentro da capacidade de espera da criança; sendo assim, elas podem ser vividas como passagens, caso contrário serão vividas como rupturas no *self*. Recordo-me que, quando menino, com idade ao redor de três anos, comecei a aprender que um dia se chamava "sábado". Era um dia especial, pois era quando meu pai interrompia seu trabalho e podia ficar mais tempo em casa. Para mim, era um dia de festa. Em seguida eu teria mais um dia na companhia de meu pai, o domingo. Aos poucos, compreendi a concepção de semana e, por esses meios, a organização de **tempo convencionado** começou a fazer sentido.

Considero útil discriminarmos o tempo compartilhado do tempo convencionado. O tempo compartilhado diferencia-se do tempo subjetivo, porque nele o tempo já não é só uma expressão do si mesmo, mas é articulado com a noção de um outro, fruto do interjogo entre presenças e ausências. A criança sustenta a presença de um outro em seu mundo, porque lhe é possível acolher o tempo subjetivo desse outro sem que isso signifique a ruptura de si. Isso ocorre porque ela não só tem seu senso de continuidade estabelecido, mas também pode, por meio da vida imaginativa, tornar o tempo do outro parte de si: questão que se estabiliza na terceira área da experiência, o espaço potencial.[5] O tempo compartilhado dá acesso à aquisição do tempo convencionado, quando a criança aprende a organizar o tempo com as medidas utilizadas em sua cultura.

---

5. O espaço potencial é parte da herança deixada pelo desinvestimento do objeto transicional. É decorrente da capacidade da criança de lidar com a separação de sua mãe, pois a confiança e o senso de si mesmo foram estabelecidos. É o campo que pode ser preenchido pelo indivíduo com o brincar e com experiências culturais.

A entrada no tempo compartilhado só pode ocorrer de forma satisfatória se o tempo subjetivo foi bem constituído.

A criança, a partir da constituição de elementos nodais de seu *self*, pode utilizar sua imaginação emergente nos períodos de ausência em direção aos momentos de presença. É um movimento que possibilita que ela tolere as flutuações entre presenças e ausências (o *não-eu*) e se instrumentalize na habilidade de utilizar a imaginação para lidar com essas experiências. Com esses recursos, ela consegue colocar a nova experiência sob o domínio de sua criatividade. Paulatina e criativamente, ela se movimenta do tempo subjetivo ao convencionado. Nesse percurso, inicia-se o uso do **tempo transicional**. O tempo do faz de conta.

No tempo transicional há a possibilidade de a criança dispor desses diferentes sentidos de temporalidade, sem que seu senso de continuidade seja perdido.

O tempo do **faz de conta** é o tempo do encantamento. A criança que dispõe dessa possibilidade sabe que ela está em um tempo virtual e também que a atividade empreendida nesse tempo terá um fim, que a colocará de volta no tempo compartilhado e/ou convencionado. Não há fenômeno transicional sem que se tenha alguma noção de um começo, um meio e um fim. O faz de conta pode ser usufruído se, em algum momento, ele tiver um fim. Sem essa possibilidade, não mais haverá o fenômeno transicional. Haverá um outro tipo de situação na qual o indivíduo estará aprisionado em um estado psíquico: é uma experiência de terror.

Pessoas que não tiveram a oportunidade de viver o tempo subjetivo e que, portanto, não conseguem ter a possibilidade do tempo transicional frequentemente se sentem aprisionadas em diferentes estados psíquicos. Vivem estados psíquicos eternos. É uma experiência terrível, pois o indivíduo sente-se em espera, em depressão, em ansiedade para todo o sempre. Sem poder viver ou morrer. Levinas (1970) afirma:

> A noção de ser irremediavelmente e sem saída constitui o absurdo fundamental do ser. O ser é mal, não porque seja finito, mas porque carece de limites. A angústia, segundo Heidegger, é a experiência do nada. Não se trata mais -se por 'morte' entendemos 'nada' do fato de que é impossível morrer? (p. 87, nossa tradução).

A decorrência desse tipo de fenômeno é que todo estado psíquico vivido como eterno é enlouquecedor e ameaça a organização do *self* com a dispersão, colocando o indivíduo em ansiedades impensáveis.

Há, ainda, outra classe de tempo, o **tempo das potencialidades**. Trata-se da experiência do que está por acontecer, em termos das possibilidades, recursos e anseios do *self*. O *self* constitui-se, inicialmente, em tempo subjetivo, passa por diferentes sentidos de tempo e de realidade, mas está em contínuo processo de vir-a-ser, de organização e de metamorfoses. Mesmo quando o *self* aconteceu satisfatoriamente, sempre haverá elementos e características que estarão à espera de realização no encontro com um outro. O interessante é que esses elementos são vividos pelo indivíduo como presenças em potencial, geralmente acompanhadas por uma angústia descrita pelos pacientes como uma nostalgia do ainda não vivido. Como exemplo, menciono um monólogo de um dos anjos do filme "Asas do desejo" de Wim Wenders:

Às vezes estou cansado de minha existência espiritual, não quero pairar eternamente em cima. Quero sentir um peso crescendo em mim, finalizar a eternidade e me atar ao chão. Gostaria de poder dizer **AGORA** a cada passo, a cada rajada de vento. **AGORA, AGORA** e não mais **para sempre e eternamente**. Sentar no lugar vazio de uma mesa de jogos e ser cumprimentado.

O personagem parece sentir a nostalgia da possibilidade de entrar na realidade e no tempo compartilhados em presença de outro. Todo o filme é um belo exemplo das questões relacionadas ao sofrimento pela não constituição do *self*.

São Máximo, o confessor, faz reflexões bastante interessantes a respeito do tempo, em trabalho de 1164 intitulado "De ambiguis", (*apud* Lossky, 1957). Para ele, o tempo é movimento, mudança própria das coisas criadas. É da natureza do tempo das coisas criadas ter um começo, uma duração e um fim. Há, segundo ele, outra forma de tempo — o *aeon*. Esse é um tempo sem movimento, próprio dos seres de *nous* (espírito, homens e anjos), os seres capazes de inteligência. O inteligível não é eterno: tem um começo no *aeon*, passa do *não-ser* para o ser, mas permanece, de determinado modo, sem mudança, faz parte de um modo de existência não temporal. O *aeon* está fora do tempo, mas tem, como o tempo, um começo e pode ser comensurado. Somente a divina eternidade é incomensurável.

Ao referir-se a um tempo sem mudança, o *aeon*, São Máximo traz algo que nos auxilia a pensar sobre o tempo em potencialidade e sobre o modo de existência no qual o indivíduo sente-se fora da criação, como na citação de Wim Wenders.

Na situação clínica, é frequente o aparecimento, no jogo ou na associação do paciente, de imagens não humanas, de coisas, de vegetais, de animais, de personagens, assinalando aspectos do *self* do indivíduo que buscam realização no encontro com outro ser humano. Esses elementos apresentam novas possibilidades de constituição do objeto subjetivo para os aspectos do *self* representados por aquelas imagens. Eles indicam o aparecimento futuro de ocorrências de constituição de *self* na situação transferencial.

Uma menina fez, em sua sessão de análise, um desenho. Nele, havia uma menina ao lado de uma casinha, um jardim, uma igreja e algumas figuras no céu. A analista perguntou o que estava acontecendo. A garota respondeu que a menina iria à igreja com a mamãe e o papai. Ele falava também de crianças, mas só havia no desenho uma menina parada ao lado da casa.

A analista apontou as formas no céu e perguntou se eram nuvens. A paciente respondeu que eram anjos que gostavam de brincar, de pregar peças e que viviam correndo pelo céu.

As associações da garota sobre os anjos contrastavam com sua própria imobilidade e a da menina no desenho. Os anjos eram descritos como cheios de vitalidade, e a menina lá estava paralisada. Os anjos tinham características que ela própria não possuía em seu cotidiano.

Do ponto de vista da representação no desenho, os anjos apareciam com forma pouco delimitada e, por meio deles, ela falava de uma realidade e de um tempo paralelo, um tempo potencial, ao da menina do desenho. Eles surgiam como elementos à espera, em potencialidade e ainda não fazendo parte do dia a dia da paciente. Na situação transferencial, os elementos em espera dirigiam-se à analista, na expectativa de que o vínculo com ela pudesse atualizá-los.

É frequente encontrarmos nos desenhos ou nos jogos da criança aspectos que apontam para situações já constituídas na vida da criança e para outras que se apresentam em tempo de espera, em tempo potencial. Há diferenças no nível de constituição, dependendo da maneira como a criança representa esses aspectos: um anjo ou outro ser de um outro mundo frequentemente assinalam aspectos que não chegaram a acontecer com o outro, no tempo subjetivo; um animal fala já de uma existência no mundo ainda não plenamente humanizada, não atravessada pelas trocas simbólicas na relação com os outros e assim por diante. Em adultos, observam-se fenômenos semelhantes. Encontraremos as mesmas questões que se apresentam em sonhos ou nas imagens utilizadas pelo paciente para falar de seu cotidiano.

Quando o desenvolvimento do *self* ocorre satisfatoriamente, a pessoa tem a possibilidade de viver nesses diferentes sentidos de tempo de modo que as diferentes experiências tornam-se enriquecedoras para seu *self* e para seu estar no mundo com outros. Há a possibilidade de que a pessoa possa viver no tempo convencional, estabelecer situações em que o tempo transicional se torna algo benéfico e interessante, voltar ao estado subjetivo e reencontrar a não integração relaxadora.[6]

Por outro lado, a constituição deficiente do *self* pode levar o indivíduo a um estreitamento de suas experiências de vida e, com frequência, encontramos pessoas com apego ao sentido do tempo convencional como uma maneira de evitar uma desintegração do *self* ou um deslizamento para o tempo eterno do *não-ser*.

---

6. É preciso ter claro que a desintegração é algo temido e que pode ocorrer uma vez que a integração foi experimentada. A não integração supõe que houve um meio ambiente que deu a sustentação necessária. Dessa forma, a não integração é uma experiência benéfica e necessária. Eventualmente, a experiência de ter sido sustentado dá ao indivíduo a capacidade de voltar ao estado de não integração sempre que necessitar dessa experiência, ao longo de seu percurso pela vida.

Um aspecto bastante interessante, do ponto de vista clínico, é observar em que elemento de sua constituição uma pessoa ancora um sentido de *self* deficiente. Alguns fazem essa ancoragem no tempo convencional, ou na utilização da musculatura estriada, ou ainda na racionalidade. A ancoragem pode-se dar em qualquer aspecto de si. O indivíduo vive angústias de dispersão e de aniquilação de si mesmo quando não consegue se ancorar naquele aspecto que é o elemento que define seu ser. Pode-se observar esse fenômeno em várias situações que têm sido diagnosticadas como "síndrome de pânico".

Com o processo maturacional dando-se satisfatoriamente, vamos observar que a pessoa, ao longo do tempo, deixa de ancorar seu sentido de *self* no campo representacional, para identificar-se com o processo de vir-a-ser. O que passa a sustentar seu *self* não é um nome, uma determinada história, uma organização de tempo, mas o processo de vida mesmo. Pode-se afirmar que o indivíduo deixa de ser alguém com uma história, para ser uma pessoa **em história**. Quando alguém atinge essa possibilidade de ser, vemos que fica muito menos suscetível à angústia de dispersão de si mesmo, porque não mais teme a metamorfose, **é metamorfose**.[7]

No exercício da função analítica, a compreensão desses fenômenos auxilia no diagnóstico dos psicodinamismos do paciente. É claro que a possibilidade de o analista trabalhar com esses aspectos depende de sua capacidade de atravessar esses diversos sentidos de tempo, sem que isso seja uma ameaça a sua estabilidade psíquica.

---

7. Penso que há uma conexão do que estou descrevendo com o que encontramos no pensamento de Bion, quando ele se refere à realidade psíquica não sensorial.

Uma pessoa, além de constituir seu *self* ao longo do processo maturacional, estabelece também certo estilo de ser, confluência de suas características, de sua família e de sua cultura. Esse estilo de ser se organiza desde os primeiros estágios do desenvolvimento, no tempo subjetivo, e prossegue, ao longo de seu percurso pela vida, acompanhando a abertura dos diferentes sentidos de realidade e de configurações de mundo. O indivíduo sofre tanto por não conseguir realizar potencialidades de ser, quanto por não conseguir realizar o resgate desses aspectos em seu estilo de ser.

Esse estilo de ser permite que a pessoa possa, a cada etapa de vida, reencontrar a si no outro e no mundo. Assim, por exemplo, ao entrar no sentido de tempo convencional, o fará em um estilo próprio. A pessoa estará utilizando-se das medidas de tempo convencionadas, mas de maneira pessoal.

Uma pesquisa interessante é investigar o modo como diferentes pessoas concebem o tempo em passagem. Tenho observado, na clínica, inúmeros modelos utilizados pelos pacientes. Alguns concebem a passagem do tempo como sequências, outros como espirais que se organizam ao longo de um eixo, ou ainda como desdobramentos, como um objeto que nasce de dentro de um outro e assim por diante. Esses modelos são importantíssimos para compreender a maneira como uma pessoa concebe sua existência, seu mundo e sua relação com os outros. São modelos que organizam o imaginário de forma singular. Neles, encontramos as "impressões digitais" do psiquismo humano. São eles que irão participar da construção dos símbolos de *self*, do objeto transicional e da maneira como o indivíduo irá se inserir no mundo cultural.

No entanto, nem sempre o tempo em suas diferentes modalidades vai encontrar representação em elementos figurativos. Grande parte das vezes o indivíduo traz esses elementos nas melodias da fala, nas diferentes intensidades do volume da voz, no ritmo das associações, na cadência do andar. Teremos, então, os diferentes sentidos de tempo articulados em ritmos e perfis sonoros, a música do *self*. Langer (1953) assinala que a experiência do tempo não é simples. Envolve muitas propriedades, entre elas, o que ela denomina de "volume". A propriedade de "volume" indica a intensidade das qualidades afetivas do tempo. Subjetivamente, uma vivência de tempo pode ser curta ou longa, grande ou pequena, e assim por diante.

Um paciente, de 23 anos, veio para a análise por se sentir inibido em suas relações sociais. Queixava-se também de uma gagueira que aparecia nos momentos em que ficava excessivamente ansioso. Em uma sessão, pouco antes das férias de meio de ano, observei que toda vez que eu falava havia um ruído que acompanhava minha voz e que desaparecia com o final de minha frase. Ao investigar o que ocorria, notei que o paciente, deitado no divã, balançava ritmicamente o pé esquerdo, roçando-o na cortina da janela. O fenômeno repetia-se sistematicamente. Disse-lhe:

— *Você percebe que, toda vez que falo algo, você produz um ruído?*
— *Eu!?* — *disse ele. Estou ouvindo o barulho, mas é você que está balançando o pé contra o divã e está fazendo barulho.*
O ruído produzido por seus pés intensificou-se.
— *Um de nós dois está enganado* — *comentei.*
— *Estou ficando confuso* — *respondeu ele.*

Permanecemos em silêncio por algum tempo. Percebendo que ele parecia estar bastante ansioso, procuro conversar a respeito da situação. Enquanto falo, ele levanta a cabeça para melhor observar seus pés, para investigar se realmente era o movimento de seus pés que produzia o barulho. Perplexo, ele disse:

— *Sou eu!!!*

Depois de um breve silêncio, disse que se lembrava de algo de sua infância. Contou-me que, ainda pequeno, dormia no mesmo quarto com sua irmã mais velha. Ela mantinha com ele uma relação bastante maternal. Houve um período em que a irmã saía para namorar, o que significava que ele precisava dormir sozinho, sem a presença dela. Só, com sentimentos intensos de ciúme, de solidão e de medo, acalentava-se fazendo ruídos rítmicos com a garganta, para imitar o som do sono de sua irmã. Dessa forma, sentia-se mais tranquilo e conseguia esperar que ela voltasse.

A associação que ele fazia permitia que se compreendesse algo de sua gagueira. Havia a presença de um outro encapsulado em sua garganta. Com o ritmo, ele procurava presentificar um outro ausente.

Na perspectiva do tema deste capítulo, poderíamos dizer que o tempo compartilhado não acontecia, e ele precisava recriar um tempo subjetivo em imaginação, onde a presença do outro garantia a aparente estabilidade e continuidade de seu *self*.

A tonalidade de voz, o balancear de corpo, estruturas rítmicas e melódicas assinalam elementos que articulam experiências vividas em diferentes sentidos de tempo. Na situação analítica será fundamental acompanharmos as associações livres, sem perder de vista os elementos que o analisando traz, que nos permitem apreender os sentidos de tempo nos quais seu *self* se apresenta.[8]

É importante termos claro que, ao abordarmos o trabalho com o *self*, estaremos lidando com um tipo de fenômeno que não é

8. Ver o caso do menino autista relatado no capítulo anterior. Nele, podemos ter um outro exemplo da importância da estrutura rítmica na constituição do tempo subjetivo.

apreendido por categorias analíticas, mas apenas por elementos que guardam relações analógicas com a vida. São padrões simbólicos que se articulam, como já disse, de maneira orgânica, como o fenômeno da música, da dança e da poesia. São elementos mais próximos da arte do que das categorias utilizadas nas formulações racionalistas sobre um determinado fenômeno. Comentando a concepção de pessoa, Florensky (1914) afirma:

> Entretanto, é impossível dar um conceito de uma pessoa, pois uma pessoa difere de uma coisa, que é subordinada a um conceito e portanto, conceitualizável, uma pessoa é **não conceitualizável**, transcende todos os conceitos.
>
> Pode-se somente criar um **símbolo** da característica fundamental de uma pessoa, ou um **sinal**, uma **palavra**, e, sem definir essa palavra, introduzi-la formalmente em um sistema de outras palavras, arranjando a situação de tal forma que essa palavra esteja sujeita às operações gerais sobre os símbolos, **como se** fosse de fato um sinal de um conceito. Em relação ao **conteúdo** do símbolo, ele não pode ser um conteúdo racional. Ele pode somente ser um conteúdo que é imediatamente experimentado na experiência de autocriatividade, na ativa autoconstrução da pessoa, na identidade da autoconsciência espiritual (p. 61).

Florensky, ao falar de símbolo, tem como protótipo o ícone, que é compreendido como imagem que, paradoxalmente, insere a presença da infinitude do ser na temporalidade do mundo. É nesse sentido que a pessoa e o *self* transcendem a categoria conceitual, pois o *self* acontece no mundo em um transbordamento contínuo de si mesmo. Ele acontece na materialidade do encontro humano e ganha morada no tempo, no espaço, no gesto e no campo sociocultural.

Capítulo III
A ARQUITETURA DO *SELF*

Na praia dos mundos sem fim
as crianças se reúnem.
A tempestade ronda
pelo céu sem caminhos,
os navios naufragam no mar sem rotas,
a morte está à solta,
e as crianças brincam.
Na praia dos mundos sem fim
as crianças se reúnem para a grande festa.

TAGORE, 1991, poema 2

Ao voltarmos nossa atenção para o espaço como um dos elementos importantes na constituição do *self*, precisamos lembrar que o bebê, ao ser gestado no ventre materno, tem experiências que, provavelmente, se integrarão na maneira como ele experimentará suas vivências no e com o espaço.

O nascimento traz o encontro com um tipo de meio contrastante com o anterior, no qual o bebê vivia. Trata-se de um espaço sem fim, que é organizado pela mãe, de modo que a criança possa habitá-lo de maneira satisfatória. O interessante é que o ser humano tem de lidar, continuamente, ao longo de sua vida, com estes dois tipos de experiências espaciais: o espaço fechado, experimentado com vivências que vão do aconchego à claustrofobia, e o espaço aberto, vivido com sentimentos que variam entre a experiência de liberdade e a agorafobia.

Para que esse trânsito entre diferentes espaços ocorra com enriquecimento do *self*, um longo caminho de desenvolvimento precisa acontecer.

Há, inicialmente, uma organização de *self*, decorrente dos registros estético-sensoriais, que se estabelece no encontro do corpo do bebê com o corpo materno. As experiências organizam-se em formas sensoriais: de sons, de calor, de tato, de ritmos e de motilidade, entre outras. Esses inúmeros registros são presenças de vida, de ser. São fenômenos em que a presença da mãe é o *self* da criança. São formas que são significadas pelas diferentes qualidades afetivas do encontro entre mãe e bebê. O importante é que esse caleidoscópio de sensações capacita a criança a ter um corpo, que paradoxalmente é presença de um outro. Não é um corpo coisa, mas torna-se um corpo humano: é o soma com pegadas da passagem de alguém devotado.

A observação clínica mostra que, muitas vezes, determinadas regiões corporais são vividas pelo indivíduo com estranhamento, pois são áreas corporais que ainda se encontram no estado de coisa. Ele tem a sensação de que aquela parte do corpo não lhe pertence e nem mesmo é parte de si. O indivíduo só se sente vivo em determinada região de seu corpo, se ela foi transfigurada pela presença do outro. Esses são elementos bastante importantes para se compreender algumas situações clínicas, quando estamos diante de perturbações psicossomáticas ou diante da busca compulsiva do erotismo. Essas são maneiras por meio das quais a pessoa busca desesperadamente humanizar um corpo coisa, que a ameaça com o *não-ser*, com as ansiedades impensáveis.

Do ponto de vista da constituição e da organização do *self*, ali onde não houve presença humana que possibilitasse o acontecer e a evolução do *self*, teremos um abismo no nada, buracos no *self* que fazem com que o indivíduo experimente o terror das angústias impensáveis.

A arquitetura do *self* | 79

Por outro lado, algumas vezes encontramos, na situação clínica, fenômenos em que parte do corpo do paciente não é sentida como parte de si, mas como parte intrusiva do corpo de outra pessoa. Recordo-me de um analisando que tinha frequentes manifestações psicossomáticas no sistema digestivo. Ao longo da análise, pudemos perceber que para ele seu sistema digestivo não era parte de si, era um território da vontade materna em seu corpo. Ele era filho de uma mulher bastante ansiosa, que lidava com os diferentes estados psíquicos do filho fazendo-o ingerir alimentos. Nessa situação, ele não experimentava um buraco em seu *self*, mas vivia uma reação paranoide diante de uma mãe com pouca capacidade de continência, o que a tornava invasiva. Devido a sua maneira de manejar a angústia de seu filho, tinha retirado dele a experiência de habitar seu sistema digestivo.

É importante ter claro que, quando se fala de mãe devotada, se está falando de uma mãe que não perde de vista o ser de seu filho. A mãe aflita, apesar de possuir uma ligação bastante intensa com seu bebê, acaba por coisificá-lo, na tentativa de aplacar sua própria ansiedade e aflição.

O encontro do corpo do bebê com o corpo da mãe devotada dá a ele condições de ter um repertório imaginativo que o capacitará a elaborar, imaginativamente, as funções corporais. Portanto, as diferentes funções corporais atualizam as qualidades dos encontros que o bebê teve com sua mãe. Trata-se de um repertório que é fruto da presença humanizadora do outro. A criança ganha unidade corporal por meio da e na presença do outro, surgindo paulatinamente um corpo psíquico: um corpo cujas funções foram elaboradas imaginativamente. Ocorre uma integração das diferentes experiências sensoriais: o macio, o duro, o quente, o frio e assim por diante. A compreensão dessas questões tem grande relevância na clínica.

Entre nós, a artista Lygia Clark realizou trabalhos terapêuticos bastante interessantes com o que ela denominou objetos relacionais: objetos que eram aplicados sobre o corpo de uma pessoa por outra, chamada por Lygia de mediadora. Alguns exemplos de objetos relacionais são sacos plásticos cheios de água, ar ou bolinhas de isopor, conchas, pedras, almofadas pesadas, enfim, elementos que colocavam o paciente em contato com aspectos fundantes de seu *self*. Ela parecia ter grande consciência da importância que esses fenômenos têm para a organização psíquica do ser humano. Com sua grande criatividade, lançou as bases de um trabalho que merece atenção, reflexão e investigação. Ela nos diz:

> A estrutura do *self* consiste na maternalização maciça: estabelecer entre o mediador e o sujeito, de modo real e simbólico, uma relação análoga à que existiria entre uma boa mãe e seu filho. A ação é reparadora por trazer ao sujeito satisfações reais das quais foi privado pela mãe. Trata-se de compreender as necessidades fundamentais do sujeito e responder a elas através do contato com o corpo e não com a interpretação analítica clássica. Isto implica, evidentemente, em um engajamento do mediador. Quando o paciente teme uma supermãe ele reage contra a maternalização com diversos sintomas: asfixia, tosse, esmagamento, sensação de peso que o sufoca (1980, p. 52)[...] O objeto relacional não é uma forma simbólica que representa materialmente um determinado conteúdo subjetivo, mas um receptáculo de significações renovadas a cada ato: sua natureza inorganizada se abre à plasmação de um sentido pelo simples **toque epidérmico** do participante: seu contato com o **objeto relacional** gera uma **medida do real**, possibilitando-lhe uma reestruturação do *self* (1980, p. 54).

A arquitetura do *self* | 81

Assim, por exemplo, na clínica com o paciente autista é fundamental perceber a importância das formas sensoriais na constituição do *self*. Esse tipo de paciente experimenta, frequentemente, a existência de buracos sem fim em sua corporeidade. É a vivência do nada que o leva a ser tomado pelas ansiedades impensáveis. É comum que esses pacientes utilizem objetos duros para escapar do horror dessas experiências. Tustin (1972) os denominou de objetos autísticos. Eles são utilizados não por seu valor simbólico, mas por sua dureza, que parece dar ao autista algum senso de estabilidade e proteção.

A relação dessas crianças com algumas formas sensoriais pode promover momentos de angústia intensa. Certa vez, um paciente com diagnóstico de autista encontrou um pequeno pedaço de plástico preto no chão da sala de consulta. Olhou intensamente para o objeto e entrou em pânico. Parecia que ele havia sido tragado pela cor do objeto. Ele experimentava o horror estético. Em seguida, acendia e apagava a luz da sala, como se tentasse colocar sob seu domínio a escuridão. Esta última fazia com que ele e o outro desaparecessem.

As formas sensoriais que são presença do outro dão ao indivíduo um primeiro campo onde ele pode sentir que existe. São experiências que dão à criança a vivência de **lugar** e de **extensão**. Gradualmente se estabelece uma organização de *self* bidimensional. O *self*, nesse momento, é calor, textura, dureza e assim por diante. É só lentamente, por meio das experiências decorrentes do processo de amamentação e do *holding* proporcionado pelo colo materno, que a criança terá a experiência de um *self* tridimensional. Quando esse ponto é alcançado, a criança já estará também tendo acesso às primeiras concepções de *não-eu*.

Júlio tinha 9 anos quando foi trazido para ser analisado. Ele era um menino com funcionamento psicótico. Era frequente o aparecimento de alucinações e delírios. Falava uma língua idiossincrática, que se caracterizava por um grande número de vogais. Na sala de análise, ele era hiperativo: gritava, ria e chorava sem razão aparente. Suas atividades com os brinquedos eram caóticas: quebrava-os, jogava-os para todas as direções, invadia a sala com água e tintas.

Jamais olhava o analista. Entrava na sala correndo e logo se punha em atividade. Gradualmente, surgiam referentes na sala que lhe possibilitavam alguma organização. A primeira referência foi o sapato do analista. Júlio começou a pintar com guache a parte superior do sapato do analista. Essa atividade era repetida a cada sessão, e Júlio passou a falar com o sapato do analista. Ele chamava o sapato de "pipina". Era interessante observar que a pintura do couro do sapato inaugurava uma forma bidimensional: a extensão pintada do sapato. Tudo o mais eram fragmentos. Da atividade caótica na sala até a pintura do sapato, havia o estabelecimento de um **lugar** e de uma **extensão bidimensional**. Ao realizar a pintura, o paciente ficava concentrado e calmo.

Depois de algum tempo dessa atividade, "pipina" era não só o sapato, mas o nome empregado para a pessoa do analista. Ele iniciou um novo jogo: tomava a massa de modelar e a picava dentro da bacia com água. Em seguida, coava o líquido e recolhia a massa, agora em forma de pó. Abria as mãos do analista em forma de concha, colocava na concavidade formada os fragmentos da plastilina e dizia: ôme!!! Fechava as mãos do analista de tal maneira que a plastilina ficasse contida e repetia: ôme!!!

Entendi que ele queria que fosse feito um homem daquele material. Então, modelava uma figura humana e a entregava ao paciente. Este ficava contente, celebrava e repetia o jogo, reiniciando com a plastilina na bacia com água. Enquanto eu fazia a modelagem,

A arquitetura do *self* | 83

dizia-lhe que ele parecia querer que se juntassem seus pedacinhos para fazer dele um homem. Esse jogo durou muito tempo. Certa vez, essa brincadeira ganhou nova elaboração. Após ter realizado os procedimentos habituais com a massa de modelar, juntou as frentes de duas poltronas que havia na sala, formando um espaço côncavo entre elas. Pegou os diversos brinquedos que estavam espalhados pelo chão e os colocou no espaço que havia criado com as poltronas. Em seguida, deitou-se naquele lugar com os brinquedos que lá estavam. Dormiu! Ele havia criado um berço.

Na sessão seguinte, repetiu o jogo, e após ter deitado nas poltronas, levantou-se, abriu a janela e pulou para fora da sala. A janela era baixa e dava para o quintal da casa. Depois pulou novamente para dentro da sala. Repetiu o jogo, porém, quando pulou para fora gritou: fora! Pulou para dentro da sala e gritou: dentro!

O mundo não era mais bidimensional, havia concavidades, havia um dentro e um fora. A tridimensionalidade começava a aparecer.

É entre o eu e o *não-eu* que surgirá a noção de um espaço que não seja só presença, mas ausência — vazio. Se as etapas anteriores ocorreram de forma satisfatória, a criança poderá dispor de um repertório imaginativo, composto pelas formas sensoriais que lhe deram sentido de *self*. É esse repertório que poderá ser utilizado pelo indivíduo para habitar, imaginativamente, o espaço vazio existente entre ele e a mãe. É o aparecimento do espaço potencial que podemos compreender como uma nova articulação do fenômeno de ilusão. A ilusão, agora, estende-se para a criação do espaço entre mãe e bebê.

Observa-se, nesse momento do desenvolvimento, o aparecimento de um conflito, no qual a criança oscila entre a busca do corpo materno e a curiosidade dirigida para o mundo. É um mundo que pré-anuncia o porvir do processo maturacional.

Trata-se de um campo de infinitas possibilidades, que fascina e aterroriza ao mesmo tempo.

Graças ao uso da capacidade imaginativa da criança, o espaço entre ela e a mãe concomitantemente separa e une, ou seja, ganha um caráter de fenômeno transicional. É um espaço que acena para o desenvolvimento da autonomia da criança e por meio do qual ela pode se separar da mãe e descobrir o mundo. Por outro lado, é um espaço suficientemente seguro, já que, do ponto de vista imaginativo, é considerado familiar, pois a presença protetora da mãe se estende sobre ele.

O importante a assinalar é que o espaço no mundo só é visto pela criança como um campo a ser explorado porque ela sente que tem lugar e morada em seu corpo e no interior do corpo materno. O espaço do mundo é visto como bom, porque contém também, analogamente, o aconchego do colo e do interior da mãe. Caso contrário, o mundo será vastidão infinita, lugar de horror.

Algumas crianças, que ainda não experimentaram a possibilidade de encontrar morada no interior do corpo materno, não têm a noção de um espaço que possa ser habitado e lutam intensamente para encontrar o lugar que as acolha.

Um garoto de seis anos, diagnosticado como autista, mostrava que buscava um lugar para existir pela maneira como manipulava o corpo da analista. Frequentemente, pegava um objeto que estivesse disponível na sala de atendimento e apertava-o contra o corpo dela. Por exemplo, usava uma caneta para empurrá-la contra o joelho da analista. Esta interpretava a conduta do menino como ataque, ou expressão de raiva, o que o levava a um desespero ainda maior. O paciente, então, pressionava com maior intensidade algum outro objeto contra o corpo dela. Essa atividade sofreu alteração no momento em que a analista pôde dizer-lhe que ele queria entrar no corpo dela para poder morar em seu coração. O menino se acalmou imediatamente e colocou sua cabeça no colo da analista. Ocupar um lugar no mundo é ocupar um lugar na vida de outro. Somente a partir dessa experiência é que o olhar poderá voltar-se para o mundo com curiosidade e desejo. A tridimensionalidade poderá, então, surgir no horizonte psíquico da criança. Isso significa que, de posse de um corpo que foi significado pela presença do outro, a criança dispõe de vida imaginativa, que lhe possibilita ocupar o vazio da ausência do outro com sua capacidade de sonhar.

O sonhar é condição necessária para que surjam os fenômenos transicionais. Por intermédio do sonho, perceber o mundo é apercebê-lo. Um pedaço do mundo pode vir a ser possuído criativamente: surge o objeto transicional.[1]

A entrada nos fenômenos transicionais permite que a pessoa estenda, cada vez mais amplamente, seu espaço de vida. Assim como o espaço entre o corpo materno e o corpo da criança é vivido como espaço transicional,[2] outros espaços do mundo adquirem essa qualidade. Todos nós temos espaços transicionais que fazem parte de nosso cotidiano e nos permitem suportar a passagem pelos diversos tipos de espaços existentes no mundo. Alguns exemplos de espaço

1. É comum encontrarmos, na literatura psicanalítica, relações estabelecidas entre o objeto transicional e o objeto fetiche. Há uma profunda diferença entre os dois fenômenos. O objeto fetiche tem a função de garantir o senso de continuidade corporal, é uma tentativa de preencher os buracos na organização do corpo da criança. O objeto transicional é articulador de sonho, abre realidades, sentidos e significações.
2. Considero importante a discriminação entre espaço potencial e espaço transicional. Compreendo o espaço potencial como o fenômeno que aparece após a experiência de desilusão. A ilusão é substituída pela capacidade de sonhar. O vazio deixado pela ausência do outro é habitado pela capacidade de criar sonhos. Abre-se o espaço potencial. O espaço transicional é fruto de um processo aperceptivo do espaço físico. O fenômeno transicional sempre aparece na dimensão sensorial.

transicional seriam: a janela, interface entre o espaço privado e o espaço público; o carro, espaço pessoal ao mesmo tempo em que no mundo; o quarto de dormir, lugar que funciona como extensão do *self* e que, por isso mesmo, possibilita o repouso e o acordar; e assim por diante.[3]

Uma antropóloga que necessitava viajar para realizar seu trabalho de investigação dizia que, assim que chegava ao lugar em que faria a pesquisa, após armar a barraca, precisava colocar alguns objetos pessoais em um dos cantos para sentir que lá poderia descansar. Afirmava que isso lhe dava a sensação de que levava algo de seu lar para o campo de trabalho. Por meio desses objetos, fazia de sua barraca um lugar pessoal, extensão de seu *self*, que lhe possibilitava o relaxamento. Havia conseguido criar um espaço transicional.

Um fenômeno que merece ser assinalado é o que ocorre, frequentemente, com algumas pessoas, quando precisam dormir em lugar estranho. É comum descreverem uma sensação de estranheza e de perda do sentido de si, ao acordar e não reconhecer os objetos familiares. Principalmente nesses momentos de transição entre diferentes estados de consciência, podemos observar o *self* sustentando-se nos objetos e no espaço, que têm a função transicional.

A pessoa, pela capacidade de criar espaços transicionais, amplia o espaço de seu mundo, na medida em que consegue transformar o não familiar em familiar.[4]

3. Na análise infantil, frequentemente temos a oportunidade de observar a importância da porta. Algumas crianças, em período de análise no qual as questões psíquicas frente aos espaços estão em foco, precisam fazer a sessão na soleira da porta. É o espaço intermediário entre o estranho-analista na sala de consultas e a mãe-familiar na sala de espera.
4. Aqueles que puderam testemunhar a chegada do homem à Lua, presenciaram a importância que tiveram para a espécie humana as primeiras pegadas humanas e o fincar da bandeira no solo lunar. A Lua foi possuída e transformada em lugar humano, um novo espaço transicional.

A arquitetura do self | 87

Também o espaço sagrado é constituído a partir desses mesmos princípios. A diferença nele é que o fenômeno transicional não só é a interface entre o espaço subjetivo e o espaço do mundo, mas também se amplia em direção à verticalidade. No espaço sagrado, a subjetividade humana se abre para o mundo e para o divino. É um encontro que permite a vivência de estar no mundo espacial, ao mesmo tempo em que se está na amplidão cósmico-divina e no não espaço.

Ao entrar em uma mesquita, somos arrebatados por sua cúpula, que apresenta o cosmos à medida que dirige nosso olhar para seu centro, para um ponto que se perde no infinito. Trata-se de um espaço que retira o homem das dimensões de seu corpo e o recoloca em relação com o sublime.

Em um artigo escrito em 1948, Winnicott relata que disse, certa vez, a um amigo arquiteto, não saber por que gostava da antiga Rua Regent, em Londres, e que não sentia o mesmo pela nova Regent. Seu amigo explicou-lhe que na antiga Rua Regent as proporções, que podiam ser percebidas em qualquer direção, eram similares às proporções do corpo humano e que, portanto, as pessoas sentiam que podiam, imaginativamente, estender-se facilmente nos edifícios, enquanto os edifícios atuais não tinham qualquer relação com os seres humanos, e as pessoas sentiam-se como robôs. Precisavam encontrar outros meios para entrar em contato com o meio ambiente. Refletindo sobre essas questões, Winnicott (1948) diz, referindo-se ao edifício onde realizava sua conferência:

> Pode ser que algumas pessoas amem esse prédio e eu odiaria ferir seus sentimentos, mas quando se trata de crianças é diferente. Vocês sabiam que antigamente a Dra. Susan Isaacs tinha uma escola para crianças aqui? Eu não sei o que as crianças sentiam sobre essas proporções, mas não acho que se possa pedir a crianças pequenas que

venham a este edifício imenso. Pela temperatura, ar etc. você está cuidando de crianças e criando condições para que se identifiquem como seres humanos. Eu penso que muitos edifícios grandes não têm proporções para pessoas; os prédios tendem a ser um lugar onde há pedaços inumeráveis e você é um desses pedaços (p. 27).

Esse é um tema bastante interessante, pois assim como o *self* se organiza em diferentes sentidos de tempo, também se organiza em distintas maneiras na ocupação espacial. Nosso senso de *self* no espaço não só abre a possibilidade para que tenhamos uma morada no mundo, mas nos capacita a ter uma apreensão estética desse mundo:

> Você vê uma montanha no horizonte, você realmente levanta seus olhos e movimenta sua cabeça e pescoço para cima e isso o enche com um sentimento de um esforço e de exaltação.
>
> Você sempre, ao contemplar objetos, especialmente sistema de linhas e formas, experiencia tensões corporais e impulsos relativos à forma que você apreende, o levantar e afundar, o correr, o colidir, o checar recíproco etc. das formas (Paget, 1913, p. 61, nossa tradução).

Inúmeros arquitetos têm publicado trabalhos que discutem a vivência do espaço em arquitetura a partir do corpo e do *self* do indivíduo.[5] Eles assinalam que a arquitetura tem seus inícios derivados dos sentidos espaciais e de lugar vivenciados pelo ser humano a partir de seu corpo no mundo. Assim, os muros e paredes são construídos para descrever a territorialidade humana, estendendo as fronteiras corporais para o mundo ao redor. Telhados, além de proteger o homem do sol e da chuva, coroam a construção como a cabeça o faz com o corpo humano, e assim por diante.

---

5. Geoffrey Scott (1954), Christian Norberg-Schulz (1971), Constantinos Doxiadis (1972), Kent C. Bloomer (1977), Charles W. Moore (1977).

Com o corpo elaborado imaginativamente, abre-se a possibilidade de se relacionar com os diferentes espaços por meio de operações estéticas nas quais o indivíduo mede, sente e concebe o mundo com seus espaços por intermédio de seu corpo. Theodor Lipps (1897), citado por Bloomer (1977), caracteriza empatia frente ao meio ambiente como reações estéticas do *self* frente ao meio. Empatia positiva e experiência de beleza acontecem onde o *self* é encontrado no objeto. Empatia negativa com a sensação de feiura, onde o *self* é repelido pelas características estéticas do objeto contemplado.

O corpo como lugar de si, transfigurado por vivências estéticas, situado na oposição à força da gravidade (dimensão agressiva do *self*),[6] sustentado pela ossatura (herança da função de *holding*)[7] capacita o indivíduo a compreender a espacialidade do mundo a partir da função háptica. O senso háptico (Gibson, 1966) envolve todo o corpo do indivíduo, é uma forma de "tocar" o mundo e as coisas com toda a corporeidade. Experimento uma montanha pelo sentido háptico ao caminhar sobre ela e não somente olhando-a a distância. O sentido háptico integra todas as sensações: pressão, calor, frio, dor, entre outras. Trata-se de um senso importantíssimo na apreensão da tridimensionalidade do mundo e do *self* do outro no espaço.

---

6. Winnicott (1988) assinala a importância de o bebê encontrar a oposição para o desenvolvimento da agressividade. Observa-se, em crianças que não encontraram essa função, uma hipotonia muscular muitas vezes com dificuldades de ter uma posição corporal ereta.
7. O *holding* é o sustentar da criança, tanto corporalmente, quanto no tempo. É a função que possibilita o estabelecimento da integração do *self*. A firmeza do *holding* experimentada pela criança dá a ela uma primeira referência do que será a função paterna. O *holding*, integrado no *corpo* pelo processo de personalização, é associado à função do esqueleto na sustentação corpórea.

Clinicamente, é fundamental compreender a maneira como o *self* se organiza e se coloca no espaço. O analista, frequentemente, se interessa mais pelos conteúdos que o paciente traz por sua fala, desenhos ou jogos. Entretanto, importantes aspectos diagnósticos e terapêuticos surgem pela maneira como o analisando se relaciona ou se organiza nos diferentes sentidos de tempo e de espaço.

Um menino de onze anos é recebido por uma psicóloga para a realização de um psicodiagnóstico. Um dos procedimentos utilizados pela psicóloga foi o desenho-histórias. Como de costume, ela pediu-lhe que fizesse desenhos com temas livres e, em seguida, relatasse uma história sobre eles.

No primeiro desenho, o garoto fez vários círculos que, segundo ele, eram cabeças de jogadores em uma partida de futebol. Enquanto desenhava, narrava o desenrolar de uma partida.

No segundo, disse que faria uma competição de natação. Fez uma raia com algumas pessoas nadando. Ao lado, havia uma arquibancada com pessoas assistindo à competição. O interessante é que esse desenho, como o anterior, foi realizado com a perspectiva de quem olha de cima, como em uma fotografia aérea.

Desenhos como esses são frequentemente interpretados por psicólogos como expressando fantasias de competição e rivalidade. No entanto, se os enfocarmos na perspectiva da maneira como o *self* se coloca no espaço, veremos que novas nuances da problemática desse menino vêm à tona. O interessante é que os desenhos são feitos da perspectiva de um observador. Apesar de o conteúdo apresentar cenas de competição, podemos compreender que o autor dos desenhos é só virtualmente competitivo. O menino anseia por alcançar a falicidade e a virilidade que uma situação de rivalidade lhe poderia dar, mas, na verdade, está fora do jogo. A organização espacial do desenho assinala seu grande sentimento de impotência e de exclusão frente aos meninos de sua faixa etária. Abordar essa competição virtual como competição ou rivalidades atuais seria alimentar um falso *self* competitivo em detrimento de sua vivência de exclusão, decorrente de uma parada em seu processo maturacional.

A observação de como o *self* se estabelece na dimensão espacial permite uma compreensão mais ampla do que aquela que só se baseia no estudo dos objetos internos. Estudar o *self* é, fundamentalmente, compreender como ele acontece no mundo com outros.

Um analisando de 37 anos, de origem europeia, morou na América do Sul por volta de dois anos, retornou à Europa, onde ficou um ano e meio, até decidir vir novamente para o Brasil. Procura um analista dizendo que precisava de ajuda para decidir o que faria de sua vida.

Entre a primeira entrevista e a primeira sessão, o analista modificou a localização de alguns objetos do consultório. Originalmente, no campo de visão do paciente, ficava uma casinha de bonecas, utilizada no trabalho com crianças.

Em sua primeira sessão, o analisando deita-se no divã e diz que o lugar tinha mudado e que ele estranhava. O analista perguntou-lhe o que estranhava, e ele disse que sentia falta da arvorezinha que estava ao lado da casinha. Comentou que, na primeira entrevista, ficou contemplando o objeto durante todo o tempo da sessão. Repentinamente, pediu licença para o analista, foi até o canto da sala em que se encontrava a casa de bonecas, pegou a árvore e a colocou em cima da mesa situada em frente ao divã. Deitou-se novamente no divã e disse que se sentia melhor. Comentou que tinha sido um pouco complicado chegar, pois o trânsito estava muito ruim. Disse que havia ficado preso no trânsito por um longo tempo. Em seguida, retoma o assunto da entrevista perguntando-se se ficaria no Brasil ou se voltaria para a Europa.

A queixa do paciente articula-se em termos espaciais, em sua fala apareciam os espaços de sua vida, sempre transitórios. Onde colocar a árvore? Qual o lugar que ele ocupava no mundo? Era estrangeiro em toda parte do mundo, inclusive em seu país natal. Algo muito básico na vida de um ser humano como um lugar para acontecer, para existir, para pertencer, parecia não ter sido disponível para ele. Trata-se de uma condição de intenso sofrimento, pois a falta de lugar é falta da possibilidade de ter construído morada junto a alguém significativo. É habitar no nada, no infinito sem rosto humano, é estar sempre em trânsito, sem espaço para o descanso. Vejo algo dessa situação belamente descrita por Nietzsche (1888), em seu poema "Até novos mares":

> Quero ir muito longe; tenho confiança
> no meu grande saber de navegante.
> A extensa via do mar me aguarda.
> Sulca o azul, minha "genovesa" nave.
> Tudo brilha ante mim com novas luzes.
> Dormita o meio-dia sobre o tempo e o espaço.
> Tão só me contempla o "olho" monstruoso,
> sempre aberto do infinito (p. 61).

É claro que, para compreendermos como o indivíduo se coloca e se organiza no espaço, precisaremos observar como ele compõe o espaço analítico, qual o destino que ele lhe dá, quais as virtualidades que cria, e assim por diante. O analisando, seja de que idade for, cria, e organiza espaços na situação analítica, por meio dos quais podemos conhecer algo de sua história com os espaços, principalmente o que ocupou em sua vida familiar.

Recordo-me de um paciente em sua primeira entrevista. Era um homem de 33 anos que veio para o consultório de terno, gravata e

A arquitetura do *self* | 93

pasta de documentos. Já na porta de entrada, falou que era muito ocupado e que tinha uma empresa com seu pai. Deixei-o entrar primeiro na sala, fechei a porta e, quando me virei para me dirigir a minha cadeira, fui surpreendido pela disposição do espaço que ele havia arranjado. Ele estava sentado em minha poltrona atrás do divã, na outra poltrona que havia na sala colocou sua pasta, na cadeira em frente à escrivaninha colocou seu paletó, ou seja, o único lugar que sobrava para mim era o divã! Retirei sua pasta da poltrona, sentei-me para iniciar a entrevista, e ele disse:

— Acho bom eu começar uma terapia. *Meu problema é que eu me sinto muito oprimido pelas pessoas. Quero deslanchar, progredir, mas meu pai e as pessoas criam obstáculos.*

A situação era curiosa, pois, apesar de dizer que se sentia oprimido, a maneira como havia organizado o espaço da sala mostrava que ele se estendia por todo o espaço, oprimindo. Ali estava toda a sua história! O tema da opressão vivido no registro das configurações espaciais revela que houve uma impossibilidade de ter sido estabelecido um espaço pessoal. O outro é sentido como excessivamente presente, e a única possibilidade encontrada é tentar oprimi-lo, na expectativa de conseguir algum espaço para si. Esse homem tinha se formado em um ambiente familiar no qual a presença paterna era absoluta. Na verdade, tinha um falso *self,* que era uma imitação do pai. Havia, nessa situação, toda uma questão de rivalidade edípica, mas que assinalava uma problemática mais profunda: a impossibilidade de ter um lugar próprio no mundo.

O ser humano precisa apropriar-se do espaço no mundo. A dimensão criativa do ser humano, que se constitui no gesto, dá ao indivíduo a possibilidade de tomar o espaço como elemento participativo de seu *self*. Quando uma criança elege um objeto transicional, ela toma um pedaço do mundo e o posiciona na ordem das coisas de maneira distinta e pessoal. Uma fralda deixa de ser o objeto utilizado pela mãe em seus cuidados com o bebê para adquirir um novo lugar: ser um objeto pessoal da criança. Isso significa que a criança dá início a um processo de desconstrução do mundo, para reconstruí-lo posteriormente. É um processo que, na verdade, perdura a vida toda. É claro que essa situação depende da maneira como ela estabeleceu a confiança básica e seu lugar no mundo.

O acesso aos fenômenos transicionais (tanto na eleição do objeto transicional quanto no estabelecimento do espaço transicional) leva a criança a poder abrir no mundo um espaço pessoal. Esta é a porta de entrada para que o espaço pessoal possa cobrir a cidade, o país, o mundo. Percorrer os territórios do mundo é desconstruí-lo para torná-lo próprio. A impossibilidade de realizar esse trabalho faz com que o espaço do mundo seja lugar de estranhamento, de angústia agorafóbica e de ansiedades paranoides.

A tendência, na atualidade, tem sido pensar o espaço como uma coisa, uma abstração, um *a priori*. Entretanto, ele é mais do que tudo isso: é uma dimensão fundamental do acontecer e da experiência do *self*. É uma das dimensões do encontro do indivíduo com os outros.

Nos tempos atuais, há um esfacelamento do espaço existencial, para surgir outro tipo de relação do homem com o espaço: seu valor torna-se especulativo, objeto de disputas de todos os tipos de poder e de capital. As cidades tendem a ser construídas visando a ideia de produção. A proporção de seus prédios raramente guarda relações com a proporção do corpo humano, como mencionou

A arquitetura do self | 95

Winnicott em sua palestra citada anteriormente. São elementos que contribuem para o desalojamento do homem do mundo, facilitando o aparecimento de rupturas de *self*.

Santos (1982) afirma:

A arquitetura adaptou-se ao novo mundo dos negócios. À concentração e à estandardização na indústria da construção, à rigidez dos novos materiais e das novas máquinas. O "design" deveria suceder e não mais preceder, e a tal ponto que se pôde falar de uma arquitetura sem arquitetos. Era a glorificação do repetitivo, do feio, a serviço de uma reprodução mais rápida do capital (...) A feiura dos objetos da vida cotidiana impera, exclama R.S. Latham (1966, p. 280), ao mesmo tempo em que lamenta o abandono da Natureza como modelo de beleza. A emotividade, presença humana na coisa inanimada e orgulho da arquitetura do passado, foi igualmente sacrificada (...) A expressividade da forma veio chocar-se com dois inimigos principais: os modelos universais e a semantização universal. Tratam-se, de fato, de processo e resultado, tendo como causa motriz a necessidade de transformar tudo em valor de troca. É a era da arquitetura funcional (p. 24).

Clinicamente, é fundamental poder perceber as diversas dimensões de realização do *self*. Pensar o *self* é pensar o mundo, é não perder de vista o sofrimento humano no contexto das problemáticas mundiais, das questões fundamentais de seu tempo. Como disse anteriormente, a mãe suficientemente boa é lugar de muitos. Para que uma mulher possa dar as condições a fim de que seu bebê seja humano, é preciso que ela própria tenha o amparo necessário para realizar suas funções maternas. O ambiente provedor é tudo o que circunda o bebê: sua mãe, sua família, seu país, seu mundo.

É preciso estar atentos para as qualidades do tempo, do espaço, da estética de nosso tempo, que permitem ou não ao homem chegar a ser.

Capítulo IV
DA AÇÃO AO GESTO

> Dizem os braços: "Quando o instante doce
> Há de chegar, em que, à pressão ansiosa
> Destes laços de músculos sadios,
> Um corpo amado vibrará de gozo?"
> BILAC, Satânia, p. 206

É curioso que a psicanálise tenha se ocupado tão pouco da ação e do gesto do homem no mundo, quando é por meio dessas capacidades que o indivíduo cria o mundo e o transforma. O fundamento da criatividade humana se encontra na capacidade de agir.

A perspectiva mais utilizada pelos psicanalistas foi a dimensão da palavra, enquanto a ação foi, frequentemente, entendida como fruto da impossibilidade de o paciente atingir o registro dos símbolos. O próprio uso do divã, como parte do enquadre analítico, foi muitas vezes compreendido como facilitador dos processos regressivos e como meio de limitar as ações dentro do processo psicanalítico.

É fundamental compreender que há diversos tipos de ação e é importante dar o necessário lugar ao agir e ao gesto na constituição do ser humano.

Pode-se compreender que esse tenha sido o caminho das teorizações psicanalíticas, já que desde o início se percebeu o quanto era importante a participação da realidade psíquica no sofrimento humano.

Com as características das situações clínicas mais frequentes nos consultórios dos psicanalistas neste final de século, foi necessário que se voltasse a atenção para o meio no qual o indivíduo se constitui, para se conhecer as condições necessárias para o acontecer do *self*. Esse vértice mostrou a profunda interligação entre a pessoa e o mundo, a ponto de se poder compreender que o *self* é o acontecer do si-mesmo no mundo. Esse enfoque revelou a importância da ação e do gesto na promoção desse acontecer. A possibilidade de ação cria a mãe, o *self*, o gesto e o mundo do bebê.

A fórmula básica dessa questão na escolástica é: "**Um ser é onde age**". A ação foi compreendida na história da filosofia como uma operação produzida por esse próprio ser. Ela pode consistir em modelar uma matéria exterior ao agente, dar forma ao próprio agente, sustentar o próprio pensamento. Ela é vista como parte da espontaneidade dos seres vivos e, particularmente, do homem. Quando entendida como faculdade, difere radicalmente da representação, pois a ação se distingue da inteligência e do pensamento. Os escolásticos distinguiam duas modalidades de ação: a elícita e a comandada. A primeira refere-se à própria operação da vontade, o querer; a segunda é dirigida e controlada pela vontade (ver Lalande, 1926 e Abbagnano, 1971).

Ao trabalharmos na clínica psicanalítica segundo os princípios winnicottianos, podemos observar uma inversão do entendimento que, na tradição filosófica, foi dado à ação. A ação funda o *self* e o querer.

A mãe, ao se colocar no lugar onde o bebê, com sua ação, a cria, permite que o *self* da criança aconteça. Ela dá campo para que o querer do bebê surja como função de alguém existente. A ação que não cria a mãe encontra o nada e desenvolve um arremedo de querer: a teimosia enlouquecida que encapsula o oco.

Da ação ao gesto | 99

A ação que encontra o outro devotado se humaniza e se transforma em gesto. Este revela a pulsação do encontro humanizador: "O gesto é a poesia do ato" (Galard, 1984, p. 27). Há todo um complexo percurso da ação e do gesto, que ocorre ao longo do processo maturacional. A cada momento desse processo, a ação e o gesto do ser humano aparecem de maneiras mais sofisticadas e abrangentes.

Parece haver um desenvolvimento paralelo dos aspectos eróticos e da agressividade na organização do *self* de um indivíduo. A agressividade, segundo Winnicott, tem origem na musculatura estriada e sofre evolução ao longo do processo maturacional. A vida erótica nasce das zonas erógenas e também tem sua evolução ao longo da vida do indivíduo. Já no estado subjetivo, no momento de ilusão em que a criança vive com sua mãe a continuidade de si mesma, ocorre a significação das zonas erógenas, iniciando-se uma organização da vida instintual. Estou chamando de significação das zonas erógenas o fenômeno em que o corpo do bebê é marcado esteticamente com a satisfação proporcionada pelo corpo materno. É preciso lembrar que, nesse momento, o que estou chamando de satisfação não é só o prazer corporal proporcionado pela mãe, mas é também, principalmente, a experiência estética do encontro da zona erógena com o corpo devotado da mãe. Trata-se de um processo em que o corpo do infante é organizado em qualidades decorrentes da experiência vivida com sua mãe. Assim, por exemplo, a boca da criança é antes presença do corpo materno, para posteriormente se organizar em anseio e desejo pela mãe. Boca-presença desenvolvendo-se em direção à boca-buraco-desejo.

A não satisfação das zonas erógenas pelas situações estéticas apropriadas constitui uma privação, o que significa que ali onde, no corpo da criança, deveria haver, por exemplo, uma boca, há um buraco sem fim.

As diversas zonas erógenas passam por desenvolvimentos semelhantes, tendo como diferença a organização da experiência em formas imagéticas específicas da área corporal que foi significada esteticamente. Isso significa que, por exemplo, a zona erógena da boca inicia seu aparecimento com sensações peculiares a essa área do corpo, estabelecendo-se uma semântica decorrente de imagens e, posteriormente, fantasias específicas relacionadas a essa região do corpo. Por outro lado, a motilidade necessitará de um tipo diferente de função e de presença do outro: **a oposição**. É importante ressaltar que não se está falando, nesse momento, de frustração, mas sim de presença corporal que, ao se opor à criança, dá a ela a possibilidade de se apropriar de sua musculatura e também de encontrar sentido para seu movimento, para a dimensão motriz. Há, portanto, o gesto que se constitui pela criação do objeto e da sensualidade e o gesto que se desenha na oposição. São experiências distintas, que se organizam separadamente e apenas se integram, ao longo do tempo, pelo *holding* proporcionado pela mãe.

O interjogo do encontro entre a mãe e o bebê, que se dá pelas zonas erógenas, e o encontro que acontece pela oposição dos corpos possibilitam à criança maneiras distintas de estar no corpo e, mais tarde, no mundo.

Tomemos, por exemplo, a situação de amamentação: se a mãe coloca aflitamente o mamilo na boca da criança, esta deixa de ter a boca como parte de si e, com isso, perde a possibilidade de ser e estar no mundo. Não só isso, perde também a musculatura e a ação como meio para alcançar o seio e criá-lo. O *self* inicia-se como fuga desesperada e reativa da boca como um lugar da presença intrusiva da mãe. O gesto precisa pertencer ao bebê e não à mãe. O indivíduo sofrerá por ter potencialmente a criatividade primária, sem jamais ter tido a oportunidade de ser criador. Essa é uma situação em que a constituição do gesto se perturba por excesso de presença materna.

Em muitas situações clínicas, deparamo-nos com alguns pacientes que possuem um gestual tímido e contido, acompanhado de um profundo temor de prejudicar, sobrecarregar e adoecer o analista. São pessoas com uma hipertrofia do estado de preocupação (*concern*), estabelecida em etapas bastante precoces do desenvolvimento do *self*. Foram, na maior parte das vezes, filhos de mães que temeram profundamente a vitalidade de seu bebê, o que os leva a ter consciência precoce da destruição do outro. Vivem uma sensação de serem onipotentemente destrutivos. É uma situação em que a própria experiência de existir parece colocar a estabilidade do mundo em perigo. Estamos falando de mães que recuam diante do gesto espontâneo do bebê.

Existe também o bebê cujo movimento só encontra o nada e o vazio infinito. Nesses, a privação é muito mais grave, pois a falta dessas experiências fundantes os desaloja do mundo radicalmente, podendo levá-los ao autismo ou à depressão anaclítica.

Certa vez, em visita a um orfanato, entrei no dormitório de bebês em seu primeiro ano de vida. Havia um grupo em que as crianças, de seus berços, gritavam e agitavam os bracinhos em direção àqueles que entravam no quarto. Outro grupo de crianças ficava indiferente ao aparecimento de alguém, mas elas mantinham algum tipo de atividade: balançavam-se em movimentos rítmicos, ou arrancavam e comiam os cabelinhos. Os bebês de um terceiro grupo ficavam deitados, e as enfermeiras tinham dificuldades em alimentá-los. Podia-se perceber a situação dramática dessas crianças que, pouco a pouco, podiam perder o gesto criador da vida do *self*, podendo vir até a morrer.

Como vemos, em condições favoráveis, o bebê cria o mundo, através de seu gesto, ao mesmo tempo em que cria a si mesmo, possibilitando iniciar o processo de personalização. O gesto cria o objeto, mas cria concomitantemente o braço ou qualquer outra parte do corpo implicada na ação criativa. Abre-se também a própria capacidade de vir a conhecer o outro e o mundo. Um único gesto se desdobra em desvelamentos de diferentes registros do *self* e do mundo. O gesto inaugura o criar, o conhecer e o amar. Esses são aspectos do que denominei, em outro capítulo, **ética do ser**, na dimensão da motilidade.

Florensky (1914) fala de fenômeno semelhante:

> Conhecer é realmente a **saída** do conhecedor de si-mesmo, ou (o que é a mesma coisa) um real **entrar** do que é conhecido no conhecedor, uma real unificação do conhecedor e do que é conhecido. Esta é a proposição característica e fundamental da filosofia russa e da filosofia oriental em geral.(...)
> O que para o sujeito do conhecimento é verdade, é amor desse sujeito para o objeto do conhecimento, enquanto para aquele que contempla o conhecimento (conhecimento do objeto pelo sujeito) ele é beleza. "Verdade, Bem, Beleza". Essa tríade metafísica não são três princípios diferentes, mas um único princípio (pp. 55-56).

Estes são aspectos de grande importância clínica. Frequentemente, deparamo-nos com analisandos que, apesar de possuírem instrumentalização do corpo que lhes permite viver, não possuem determinadas partes do corpo como campo de existência pessoal.

Um rapaz bastante dinâmico e produtivo realizava suas sessões de análise sempre com uma fala impulsiva e verborrágica. O analista, durante algum tempo, tentava trabalhar a partir dos conteúdos de sua fala e também assinalando a qualidade de seu

Da ação ao gesto | 103

fluxo verbal. Podia-se observar, ao longo das sessões, que o falar excessivo tinha a função de colocar o paciente em um movimento contínuo. Era uma maneira de estar presente na sessão que reproduzia elementos de sua vida pessoal. Profissionalmente trabalhava com movimentos, pois era professor de Educação Física. Nunca conseguia parar. Temia a angústia que poderia surgir caso parasse e se aquietasse. O analista mudou seu procedimento técnico e se silenciou. Durante certo período, o analisando continuou no mesmo estilo, movendo-se no divã, falando impulsivamente. Aqui e ali deixava brechas em seu discurso, na expectativa de que o analista fizesse algum tipo de intervenção verbal, o que não ocorria. Em uma sessão em que a mesma situação se repetia, ele ficou parado e em silêncio. Disse que se sentia assustado, pois algo muito estranho estava acontecendo: não estava sentindo as pernas. Afirmou que sabia que, se levantasse a cabeça, enxergaria suas pernas, mas se angustiava pelo fato de não as sentir. Era possível perceber que, apesar de estar familiarizado com seu corpo, suas pernas só existiam como apêndices para fazer algo, mas não eram partes de seu ser. Elas tinham um funcionamento reativo.

O interessante é que, nessas situações, não é suficiente o paciente perceber que determinada parte de seu corpo parece não lhe pertencer. Não basta ter uma compreensão sobre o fenômeno, mas é necessário que o analisando possa realizar uma ação na situação transferencial, que lhe permita apropriar-se daquela região do corpo como parte de seu *self*.

Balint (1979) apresentou o caso de uma moça com aproximadamente 30 anos de idade, que se queixava de não conseguir terminar qualquer situação. Tinha um bom desempenho acadêmico, mas sem nunca ter conseguido realizar os exames finais. Era popular com os homens, muitos tinham interesse em ter uma vida amorosa com ela, mas não era capaz de responder às solicitações de seus admiradores. Em sua análise, percebeu-se que essas incapacidades tinham relação com um profundo sentimento de insegurança, que a levava a evitar toda e qualquer decisão.

Balint relata que, em um ponto da análise, ele interpretou que aparentemente o mais importante para ela era manter a cabeça erguida e pisar firmemente na terra com os pés. A analisanda, em resposta a essa interpretação, contou que, nem mesmo na infância, tinha sido capaz de dar alguma vez um salto mortal, ainda que em várias oportunidades tivesse tentado desesperadamente fazê-lo. Balint disse-lhe: "O que você acha de tentar agora?"

A paciente levantou-se do divã e, com grande surpresa, deu um salto mortal sem nenhuma dificuldade. Balint comenta que esse episódio[1] significou um grande avanço e muitas mudanças ocorreram na vida emocional, social e profissional da paciente.

Ao discutir esse episódio, Balint afirma que, para uma moça de 30 anos, dar um salto mortal significa o surgimento de uma forma infantil e primitiva de conduta. Discorda de que se entendesse o ocorrido como uma forma de repetição ou regressão. Apesar disso, entretanto, resolve chamar o fenômeno de regressão, para indicar o aparecimento, na situação transferencial, de formas primitivas de experimentar e se comportar.

Se enfocarmos essa situação na perspectiva que estamos assinalando neste trabalho, o fato de se tratar de uma forma primitiva

---

1. Em trabalho anterior (1995) estudei fenômenos como esse em que uma experiência vivida na situação transferencial funciona como uma lição de objeto, o que reorganiza o *self* e sua inserção no mundo. Naquela ocasião, denominei essas ocorrências de **momentos mutativos**.

ou desenvolvida de expressão não é o mais relevante. Estaríamos diante de um momento em que a paciente pôde se apropriar de seu corpo pela ação que conseguiu realizar, na sessão, com o acolhimento de Balint. A situação transferencial deu as condições para que o gesto pudesse se constituir.

A intervenção de Balint é muito bonita e importante, pois, tanto pelo que disse à analisanda antes do episódio do "salto mortal", quanto pelo espaço que lhe ofereceu para tentar a experiência, recolocou a corporeidade dela no mundo. A partir daí, é possível para ela afirmar-se sobre o mundo e ganhar assertividade em sua vida de maneira não reativa. Trata-se, portanto, de um momento em que a paciente pôde vir a possuir a **vontade**[2] como parte de seu *self*, por meio da recolocação lúdica de sua força motriz, em presença do analista.

Vale a pena assinalar como a intervenção e a receptividade de Balint favoreceram o surgimento do espaço potencial para que a experiência necessária ocorresse. O *holding* fornecido na situação clínica estabeleceu a confiança básica e permitiu o aparecimento do gesto espontâneo, o qual resgatou a paciente do profundo sentimento de insegurança que a levava a evitar toda e qualquer decisão.

Certa vez, fui procurado por um homem de 26 anos, que desmaiava com certa frequência. Realizou exames médicos, que indicaram que estava bem de saúde, mas os desmaios continuavam e ele se sentia cansado.

2. Do ponto de vista clínico, percebe-se que a vontade integra-se como parte do *self*, a partir das experiências estéticas que dão ao indivíduo a possibilidade de se apropriar de sua musculatura estriada como parte de seu ser. É frequente se encontrar crianças e também adultos que não tiveram esse tipo de experiência, nas quais não só a vontade não se articula como parte da possibilidade de realização do *self* no mundo, mas também o próprio corpo aparece flácido e pouco gracioso em sua movimentação.

No divã, durante as sessões, suava muito. Eram evidentes sua tensão e angústia. Suas associações eram, na maior parte das vezes, bastante intelectuais e, por seu intermédio, tentava mostrar sua erudição. Convidava o analista para a discussão de temas filosóficos.

Em seus sonhos, sempre aparecia voando como um ser etéreo, sem peso e sem corpo. Ele compreendia esses sonhos como parte de seus anseios espirituais.

Pouco a pouco, foram se revelando dimensões importantes da constituição de seu *self*. Tinha um irmão gêmeo que possuía uma vida oposta à dele, era um esportista. Meu paciente dizia não sentir interesse pelos esportes e que, desde menino, interessava-se mais por filosofia, literatura e religião.

Explicou que, desde pequeno, tinha um apelido: filósofo. Esse apelido tinha-lhe sido dado por sua mãe. Ela gostava de ficar com ele sentado ao colo, durante as tardes, para lerem algum livro juntos, enquanto o irmão ia para a rua brincar com os outros meninos. Percebíamos que tinha ocupado um lugar ao lado da mãe, em que não cabia ter corpo, mas só intelecto. Na transferência, repetia-se o movimento, pois buscava estabelecer o mesmo tipo de relação com o analista, uma relação filosófica descarnada.

Trabalhamos alguns anos juntos até que, um dia, em uma sessão, parecia profundamente desconfortável no divã. A sudorese era intensa, permaneceu longo tempo em silêncio. Repentinamente, com o punho fechado, deu um soco vigoroso no divã e exclamou: *"Eu não fico mais deitado na porra desse divã!"* Levantou-se, sentou-se de cócoras no divã, de frente para o analista, e falou que não suportava mais a imobilidade na sessão.

Da ação ao gesto | 107

No dia seguinte, ao entrar na sala, sentou-se imediatamente de cócoras no chão, em frente ao analista. Eram experiências que não só repudiavam uma mãe imobilizadora, mas também constituíam um corpo vivo no mundo. O ser etéreo ganhava carne.

O gesto, quando se constitui satisfatoriamente, organizando-se em ritmos e modulações afetivas, apresenta um jogo de tensões e distensões, que, ao longo do tempo, adquire cada vez maior singularidade. Ele apresenta um modo de ser característico daquela criança. Trata-se da apresentação de um estilo, que é fruto do encontro das características constitucionais da criança, de sua etnia, da história de seu grupo familiar.

O movimento do corpo da criança ganha, pelo desenvolvimento, modulações. Sua gestualidade é banhada em qualidades de encontro: o gesto de ternura, o gesto de raiva, o gesto de acolhimento... É uma espécie de dança, com qualidades estéticas, que coloca o corpo da criança no mundo humano, transformando-o não só num instrumento de fazer, mas também num meio de expressão de vivências subjetivas.

Infelizmente, algumas pessoas não experimentaram essa dança e, em situações mais graves, percebe-se seu corpo movimentando-se de maneira mecânica, sem presença rítmica e melódica. Algumas crianças preservam o anseio de um "dançar com o outro" por meio de seus movimentos de balanceio, que, muitas vezes, só encontra a ausência infinita.

Isadora Duncan (1947) tinha uma profunda compreensão do significado do movimento como manifestação do ser. Esperava, com a criação de sua escola de dança, dar às crianças a oportunidade de encontrar, por meio do movimento, uma inserção no mundo mais plena. Ela dizia:

(...) minha vontade é devolver-lhes os movimentos naturais. Vemos em animais, plantas, ondas e ventos a beleza desses movimentos. Todas as coisas da natureza têm formas de movimento correspondentes a seu ser mais íntimo. O homem primitivo ainda tem esses movimentos, e começando desse ponto temos de tentar criar belos movimentos significativos da cultura humana, movimentos que, sem rejeitar as leis da gravidade, se ponham em harmonia com o movimento do universo (p. 29).
Essa ideia me segue o tempo todo, e vejo ondas erguendo-se em todas as coisas. Sentada aqui olhando para as árvores também elas me parecem ser um padrão que acompanha linhas de ondas. Podemos pensar nelas de outro ponto de vista, de que toda energia se expressa através desse movimento ondulatório, pois o som não viaja em ondas, e a luz também?
E quando chega aos movimentos da natureza orgânica, parece que todos os movimentos livres e naturais se conformam à lei do movimento em onda. O voo dos pássaros, por exemplo, ou o salto dos animais. É a alternativa da atração e resistência da lei da gravidade que cria esse movimento em onda (1947, p. 41).

Penso que Duncan aponta um caminho interessante e fecundo de intervenção para algumas perturbações do *self* enfocadas neste capítulo. As descrições que faz dos movimentos em ondas assinalam a compreensão de que o movimento humano é aparentado com toda a vida e de que o interjogo tensão e distensão (ondas) são os aspectos estéticos que presentificam o viver.

Há, no entanto, aspectos étnicos desses movimentos. Cada povo tem um estilo próprio de movimentação, de gestualidade. Esse fenômeno já está presente na maneira como o acalanto do bebê é realizado. Trata-se de uma configuração étnica que entra no mundo da criança, quando o corpo materno pode se orga-

Da ação ao gesto | 109

nizar segundo a criatividade primária da criança, apresentada pelo ritmo do bebê.

Por essa razão é que se pode afirmar que o encontro do corpo da criança com o corpo da mãe é um encontro com os ancestrais. O corpo materno é lugar de muitos. Ele carrega os traços daqueles que foram significativos na história da mãe e também a tradição sociocultural do grupo étnico ao qual ela pertence. Dessa forma, quando se fala da *mãe devotada comum* ou da *mãe suficientemente boa*, penso que estamos falando de um fenômeno extremamente complexo. É uma situação que exige uma leitura histórica, que se perde nos ancestrais da mãe e do pai da criança. Quando se fala de uma falha materna, precisamos compreender que ela pode se originar no pai, ou nos ancestrais, ou ainda, no ambiente sociocultural em que se encontra a família.

Um adolescente, que iniciou sua análise aos 13 anos de idade, mostrava-se bastante apático, tanto em sua vida como nas sessões de análise. Foi uma análise que exigiu diversos procedimentos técnicos, principalmente o manejo.[3] Aos 18 anos, certa vez, perguntou-me como eu sabia quando ele estava triste ou alegre. Sua pergunta revelava sua impossibilidade de compreender no corpo do outro as expressões das vivências subjetivas. Chamei sua atenção para a melodia da voz, a dança dos gestos, a expressão facial como meios de expressão dos sentimentos. Mostrou-se surpreso. A partir

3. O manejo refere-se a um procedimento clínico necessário nos casos em que houve perturbações significativas nos estágios precoces do desenvolvimento. Nessas situações, mais do que o trabalho interpretativo, é o manejo do *setting* que se mostra necessário. Aqui, o comportamento do analista, representado pelo *setting*, é o elemento que permite que surja a esperança de que o *self* verdadeiro possa correr o risco de existir.

de então, passou muito tempo observando esses fenômenos nos outros e em si mesmo. A dança não tinha acontecido em sua história. Várias complicações, no início de sua vida, impediram que isso pudesse ter ocorrido. Sua mãe perdeu o pai pouco antes de ele nascer e viveu uma profunda depressão que durou alguns anos. O pai do rapaz, na época de seu nascimento, sofreu um acidente automobilístico que o obrigou a ficar engessado por muitos meses. O contato corporal com os pais não se deu de maneira que lhe apresentasse a vitalidade e a riqueza da expressão emocional. O interessante é que esse menino, em sua análise, sempre demonstrou um horror pelo branco, o branco-gesso, que para ele era frieza, morte, ausência. Ou seja, ele vivia frente ao branco um horror estético, já que o branco não lhe apresentava o rosto humano.

Quando o gesto acontece em decorrência da presença do outro, ocorre também uma constituição étnica do movimento. Esse processo dá-se no reconhecimento mútuo entre mãe e bebê, em vivências estéticas de caráter melódico, rítmico e espaço-temporal. Em certo momento do processo maturacional, a criança pode deliberadamente realizar movimentos no espaço-tempo, tentando criar situações que presentifiquem vivências afetivas e significações que têm uma dimensão lúdica. São gestos que criam realidades, campos de experiência, virtualidades. Essas criações dão entrada às novas questões da vida da criança e também são, eventualmente, utilizadas como meios de comunicação.

Nesses processos criativos, frequentemente a criança utiliza os seres do mundo natural como elementos que a ajudam a significar certa maneira de estar no mundo.

Imagens de animais e plantas são empregadas como formas que apresentam imagens de *self*.[4]

O indivíduo, apresentando-se com uma configuração gestual, melódica e espaço-temporal, cria um campo de qualidades estéticas que explicitam determinadas vivências afetivo-existenciais.

Ao chamar um paciente na sala de espera para sua sessão, observei que suas feições pareciam indicar um sentimento depressivo. Notei que ele se deslocava de maneira bastante lenta. Ele se deitou no divã, comentou brevemente sobre o trânsito. Sua voz também era, naquele momento, lenta e pastosa. Em seguida fica em silêncio.

O tempo passa e percebo que ele está tomado por uma vivência que o paralisa e o aprisiona. O que estou descrevendo foi percebido por mim principalmente por meios estéticos. O campo estético, organizado por suas vivências na situação transferencial, levou-me a compreender seu estado pelo contraste e pelas similaridades de nossas corporeidades. O fato de participarmos da mesma comuni-

---

4. Este é um tópico bastante interessante do ponto de vista clínico. De acordo com as situações psíquicas vividas pelo indivíduo, ele irá eleger um determinado animal ou planta que melhor apresente aquelas questões. Lembram-nos, por exemplo, o trabalho que vem sendo realizado em algumas partes do mundo com crianças autistas e golfinhos. O golfinho é um animal que pode apresentar um *self* fetal, facilitando que essas crianças possam realizar uma identificação com um ser vivo. Um paciente, que tinha em sua história dissociado o amor primitivo, trouxe um desenho de animal, denominado por ele de Fonte. Esse animal era uma mistura de cachorro, lobo e raposa. Tinha dentes afiados e musculatura forte. Toda a análise desse menino foi atravessada por essa figura. Ela somente desapareceu quando o amor primitivo foi integrado como experiência humana na situação transferencial. Dolto (1949, 1984), em outra perspectiva teórica, traz exemplos clínicos desse interessante fenômeno.

dade étnica tornou mais simples a compreensão dos sentimentos e vivências que estavam em foco na situação descrita.

Disse-lhe que a maneira como tinha entrado e se movimentado na sala tinha me dado a impressão de que ele se locomovia em um ambiente extremamente denso, como uma gelatina. O paciente sorriu e disse que se sentia mesmo daquela forma. Disse que se sentia locomovendo-se em câmera lenta e que o tempo tinha se densificado e parado para ele. A partir daí, pôde começar a falar sobre sua sensação de ter a vida estagnada. Temia que o futuro não chegasse para ele, pois tudo o que fazia não acontecia.

Muitas vezes, a única maneira que temos para apreender uma situação psíquica é por meios estéticos. No caso descrito, pudemos perceber que foi essa possibilidade que favoreceu a intervenção para que o paciente pudesse falar de seus temores.

A maneira como o indivíduo instala-se nas situações apresenta organizações estéticas que revelam os enigmas que atravessam seu ser.

No Primeiro Simpósio de Psicologia do *Self*, ocorrido em Buenos Aires, em 1997, foi apresentado um vídeo sobre o processo de alimentação de bebês. Foram filmadas várias mães alimentando seus bebês. As crianças tinham por volta de 1 ano de idade. Algumas mães pegavam a colher, enchiam-na de comida e a dirigiam à boca da criança. O bebê, na maior parte das vezes, segurava a colher e a mão da mãe e as movimentava ritmicamente. Essas mães incorporavam o movimento da criança em seu gesto e gradualmente levavam a comida à boca da criança. Criava-se um jogo entre as duas, que ambas pareciam apreciar muito. A mesma imagem projetada em câmera lenta revelava uma dança graciosa de movimentos rítmicos ondulares. Podia-se perceber que, no ato de alimentação, ocorriam

Da ação ao gesto | 113

ao mesmo tempo a nutrição, o jogo, uma vivência afetiva prazerosa e uma experiência estética. Era uma verdadeira dança do *self*.

Por outro lado, outras mães não conseguiam "dançar" com seus bebês. Uma delas, por exemplo, no momento em que a criança segurava sua mão com a colher para iniciar o movimento rítmico, recolhia a colher bruscamente e dizia à criança: "*mama do it*".[5] A cada vez que a criança tentava novamente, a mãe reagia da mesma maneira. O bebê se decepcionava e chorava. Todo o processo de alimentação perturbava-se. A mãe não conseguia permitir o gesto criativo do bebê, os diversos níveis da experiência não se constituíam, e a mensagem era que o gesto do bebê não só era indesejável, mas destruía o mundo, pois perturbava a estabilidade e o humor da mãe.

Um indivíduo que pode se beneficiar de experiências satisfatórias, sintônicas e estéticas com um outro significativo pode também caminhar da realidade subjetiva em direção à compartilhada, para eventualmente se beneficiar dos objetos culturais. Nesse ponto, um objeto não é uma coisa, mas sim presença de outro humano. Os objetos passam a falar de experiências, concepções e histórias humanas, o que abre horizontes significativos de interação e enriquecimento do *self*.

5. Mamãe faz.

Capítulo V
SELF E LINGUAGEM

Frase: imagem das coisas e movimento do espírito.
A. Bosi, 1997, p. 66

É conhecida a importância da linguagem nas formulações teóricas da psicanálise sobre o psiquismo humano. Desde os primeiros trabalhos freudianos, há o reconhecimento de que a linguagem é fundamental para a recuperação do material inconsciente, para o procedimento clínico da associação livre, para a teoria da interpretação e, também, para o entendimento do trabalho onírico. Essa perspectiva encontrou intensa acolhida entre os psicanalistas, principalmente os de origem francesa, tendo seu ápice na conceituação teórica da escola lacaniana.

Além das questões já abordadas na literatura psicanalítica, vamos encontrar outros fenômenos dignos de nossa atenção e estudo para que seja possível compreender a maneira pela qual ocorre a revelação do *self* na linguagem.

A principal tendência em psicanálise é o enfoque da linguagem como discurso. Wittgenstein (1921) afirma, no tópico 4.0311, que *"um nome está em vez de uma coisa, um outro em vez de outra e entre si eles estão ligados. Assim o todo apresenta o estado de coisas como uma imagem viva"* (p. 57). O discurso tem uma linearidade, como as coisas colocam-se uma após outras sucessivamente, permitindo, dessa forma, a significação das coisas no campo do tempo e do espaço, concebidos cartesianamente. Parece-me que a equiparação do discurso com o processo secundário[1] e a concepção da linguagem discursiva como a grande articulação simbólica no homem fundam-se nesse tipo de vértice.

Langer, Cassirer e Whitehead apontam a existência de uma semântica além dos limites da linguagem discursiva. Defendem a legitimidade de outras formas de organizações simbólicas a partir da sensorialidade. Como exemplo dessa visão teórica, temos as considerações que Langer (1941) faz ao afirmar que:

> (...) as abstrações feitas pelo ouvido e pelo olho — as formas de percepção direta — são nossos instrumentos mais primitivos de inteligência. São genuínos materiais simbólicos, meios de entendimento, por cujo préstimo apreendemos um mundo de coisas e de eventos, que são as histórias de coisas. Fornecer tais concepções é sua missão principal. Nossos órgãos do sentido fazem suas abstrações habituais e inconscientes, no interesse dessa função "reificadora" subjacente ao reconhecimento ordinário de objetos, ao conhecimento de sinais, palavras, melodias, lugares e à possibilidade de classificar tais coisas no mundo externo, segundo sua espécie. Reconhecemos os elementos dessa análise sensória em todos os tipos de combinação; podemos usá-los imaginativamente, para conceber mudanças prováveis nas cenas familiares (p. 100).

Os materiais simbólicos dados a nossos sentidos, as formas perceptivas fundamentais de *Gestalten*, que nos convidam a construir o pandemônio da pura impressão em um mundo de coisas e ocasiões, pertencem à ordem "apresentativa". Fornecem

---

1. Freud fala de dois modos de funcionamento do aparelho psíquico: o processo primário e o processo secundário. O processo primário caracteriza o inconsciente e o secundário o pré-consciente e consciente. A oposição entre processo primário e processo secundário é correlativa da oposição entre princípio de prazer e princípio de realidade (vide Laplanche e Pontalis,1967).

Self e linguagem

as abstrações elementares em cujos termos é entendida a experiência ordinária do sentido. Essa espécie de entendimento reflete-se diretamente no padrão de reação física, impulso e instinto. A ordem das formas perceptivas não poderá, então, constituir um possível princípio para a simbolização e, portanto, a concepção, a expressão e a apreensão da vida impulsiva, instintiva e senciente? Um simbolismo não discursivo de luz e cor, ou de tom, não poderá ser formulativo dessa vida? (p. 105)

As concepções de Langer são bastante inspiradoras, pois permitem que abordemos o fenômeno da organização simbólica no ser humano partindo da sensorialidade, o que podemos observar na situação clínica, quando a encaramos na perspectiva da evolução do *self*. Considero, no entanto, que só podemos falar de uma organização simbólica dentro do processo maturacional a partir do estabelecimento do *não-eu* e da entrada no campo dos fenômenos transicionais. Antes disso, não me parece necessário denominar a articulação dos aspectos sensoriais do *self* como simbólica, parece-me mais útil e acurado falarmos de organizações estéticas do *self*. Estas seriam fenômenos que organizam, em formas sensoriais-estéticas, as qualidades da experiência de se estar vivo em presença de alguém.

A linguagem revela o *self* em dimensões poéticas, mesmo ali onde aparentemente ela é simplesmente discurso. **O homem em seu *self* é ontologicamente poeta.**

Como já afirmei, em outro momento, o ser humano surge no mundo por meio de uma organização subjetiva do tempo, do espaço e da corporeidade. Os campos sensoriais organizam-se em elementos que guardam relação com os ciclos e ritmos vitais, dando ao indivíduo a experiência de estar vivo com outros. Do ponto de vista da linguagem como reveladora do *self*, encontramos um fenômeno semelhante, articulado ao redor da sonoridade.

No momento subjetivo, a sonoridade aparece como um dos elementos desse campo, em um perfil sonoro, que é interface entre a mãe e seu bebê. O perfil sonoro constituído dessa maneira é não só expressão da criança, mas também presença materna. Assim, o balbuciar da criança, encontrado e eventualmente ecoado pela mãe, é um instrumento lúdico do par. Concomitantemente, esses perfis sonoros são elementos da etnia e da cultura que contextualizam o encontro entre o bebê e sua mãe. Os ancestrais brincam no balbuciar dessa dupla.

Essas sonoridades funcionam, por um período, como um idioma idiossincrático que possibilita à mãe compreender, por meio de determinados perfis sonoros, o que a criança poderia estar experimentando. Do ponto de vista da criança, esses elementos sonoros são a própria mãe. Não temos ainda, nesse momento, um fenômeno de representação, pois aqui o som é a mãe (isso também acontece com as demais formas sensoriais). E o mais fundamental: esse som é a própria possibilidade de ser da criança.

Gradualmente, esses elementos sonoros codificam a experiência de estar vivo e também o próprio mundo. Esse processo tira o indivíduo do caos, facilitando o caminho para estados mais integrados do *self*. O som passa a ser expressão de vida e lugar no mundo. Rousseau (1817) afirma que, em tempos remotos, dizer era o mesmo que cantar:

> Com as primeiras vozes se formaram as primeiras articulações ou os primeiros sons, segundo o gênero da paixão que ditava. A cólera arranca gritos de ameaça que a língua e o paladar articulam; mas a voz da ternura é mais doce, e a glote que a modifica, e essa voz se converte em som; só que os acentos dessa voz são mais frequentes e mais raros, as inflexões mais ou menos agudas, segundo o sentimento que se coloca. Desse modo, a cadência e os sons nascem com as sílabas: a paixão faz falar todos os órgãos e

adorna a voz com esplendor; assim os versos, os cantos, a palavra têm uma origem comum. (...) os primeiros discursos foram as primeiras canções: as voltas periódicas reguladas do ritmo, as inflexões melodiosas dos acentos fizeram nascer, com a língua, a poesia e a música (nossa tradução, p. 60).

Concordo com Rousseau que o primeiro discurso seja a primeira canção, apesar de achar que ele enfatiza demasiadamente o aspecto expressivo desses primeiros momentos. Em meu ponto de vista, a dimensão expressiva passa a ser significativa para a criança somente com as primeiras noções de *não-eu*.

No momento em que a sonoridade ganha valor de representação, observa-se que a criança utiliza os elementos sonoros criando um idioma onomatopeico. As vocalizações guardam relações analógicas com os sons produzidos pelos seres vivos. A sonoridade fala dos movimentos da vida. Assim, o cachorro é antes "au-au" para depois ser cachorro, o pássaro é primeiro "piu-piu" para depois ser pássaro.

É uma maneira de nomear o mundo que recorta elementos da vitalidade do objeto nomeado, permitindo que, ao mesmo tempo em que o processo de nomeação ocorra, se dê também a possibilidade de a criança se identificar com o objeto ou animal de seu interesse, ou seja, abrem-se dimensões lúdicas.

O idioma onomatopeico dá à criança a experiência de contato e conhecimento do mundo pelo uso lúdico da sonoridade. Ela pode vir a conhecer o mundo, por meio de processos de identificação, sendo o animal ou objeto de sua curiosidade.

Por intermédio desse processo, vemos o fenômeno da ilusão alcançar novos níveis de realidade e de possibilidades: mediante a atividade lúdica, o mundo é a criança, e a criança é o mundo.

Esses parecem ser os elementos fundantes para a possibilidade da constituição de uma fala que possa revelar o *self* em formas poéticas.

O corpo se estende sobre o mundo e o torna habitado e animado. Parece-me que essa é a essência dos fenômenos subjetivos, que fazem do viver uma ação poética. A linguagem ganha corpo poético. Desse ponto de vista, a linguagem poética é condição para que o indivíduo possa utilizar a linguagem discursiva de forma pessoal. A corporeidade, transfigurada pela presença de um outro, ganha nesse momento a possibilidade de veicular-se em sonoridade e signos. A. Bosi (1997) nos diz:

> O signo vem marcado, em toda a sua laboriosa gestação, pelo escavamento do corpo. O acento, que os Latinos chamavam anima vocis, coração da palavra e matéria-prima do ritmo, é produzido por um mecanismo profundo que tem sede em movimentos abdominais do diafragma. Quando o signo consegue vir à luz, plenamente articulado e audível, já se travou, nos antros e labirintos do corpo, uma luta sinuosa do ar contra as paredes elásticas do diafragma, as esponjas dos pulmões, dos brônquios e bronquíolos, o tubo anelado e viloso da traqueia, as dobras retesadas da laringe (as cordas vocais), o orifício estreito da glote, a válvula do véu palatino que dá passagem às fossas nasais ou à boca, onde topará ainda com a massa móvel e víscida da língua e as fronteiras duras dos dentes ou brandas dos lábios.
> O som do signo guarda, em sua aérea e ondulante matéria, o calor e o sabor de uma viagem noturna pelos corredores do corpo. O percurso, feito de aberturas e aperturas, dá ao som final um protossentido, orgânico e latente, pronto a ser trabalhado pelo ser humano em sua busca de significar. O signo é a forma de expressão de que o som do corpo foi potência, estado virtual (p. 42).

Aprecio muito essa passagem de Bosi, pois ele assinala, de maneira marcante, o papel das entranhas corporais na produção da fala. A ênfase no aspecto discursivo da fala, em nossa cultura, tem levado muitas vezes a uma concepção descoporificada da palavra e do discurso.

Cabe aqui, também, ressaltar o longo percurso que uma criança tem de empreender até que o "escavamento do corpo" possa ser tolerado. A experiência do vazio no interior do corpo relaciona-se com as repercussões que tem o surgimento da noção de *não-eu* para a vida psíquica da criança. O vazio nas entranhas marca a ausência do outro significativo que necessitará ser recuperado pelos usos dos fenômenos transicionais. Nessa etapa, a criança, por meio dos sons e das vocalizações, brinca com os espaços vazios dentro do corpo e com os orifícios na superfície do corpo. Pelas correntes de ar e pelos sons produzidos por ela, a criança apalpa, circunda, habita imaginativamente o interior de seu corpo. Trata-se do estabelecimento do espaço potencial no interior do corpo e da construção de aspectos e elementos do mundo interno. Ao se falar de espaço potencial, frequentemente, pensa-se na capacidade da criança de animar, imaginativamente, o espaço exterior ao corpo do indivíduo, mas essa é só uma parte desse fenômeno. O espaço potencial também se estabelece no interior do corpo do indivíduo. Em um artigo de 1967, Winnicott narra sua experiência de ter um clube, em seus sonhos, que era um lugar no mundo onírico em que ele se "recolhia", quando tinha algum problema para ser resolvido. Ele se utiliza dessa experiência para esclarecer que o espaço potencial é também estabelecido no interior do que divide o interno do externo.

Recordo-me de uma menina de 3 anos e 2 meses que veio à consulta terapêutica porque não falava. Seu jogo, na sessão, centralizava--se no uso de massa plástica para fechar os furos dos brinquedos. Ela tinha dificuldade para utilizar a memória imaginativa do corpo para criar jogos, fenômenos transicionais, para lidar com a ausência da mãe. Não falava porque os buracos do corpo a ameaçavam com o nada. Falar implica a possibilidade de habitar, imaginativamente, as cavidades e o interior do corpo. O corpo pode, então, ser imagem da presença do outro para, em seguida, poder ser meio de leitura empática e háptica dos seres do mundo. Esses são os fenômenos responsáveis por um desenvolvimento da possibilidade de se apropriar da linguagem convencionada de maneira pessoal. A partir daí encontramos na fala do indivíduo um idioma singular, que é seu modo pessoal de **dizer e comunicar seu *self* em poesia.**

O indivíduo que chegou a esse momento do desenvolvimento de seu *self*, ao utilizar a linguagem discursiva, veicula simultaneamente, por meio das imagens, sintaxe e vocabulário empregados, da entonação e do andamento da fala, o ideograma de seu *self*. Sua linguagem passa a ter a dimensão da historicidade de seu ser.

Utilizo a palavra ideograma para falar do idioma do *self*, que é linguagem discursiva e ao mesmo tempo imagem de corpo, pois seu funcionamento parece ser muito semelhante ao das línguas que utilizam o ideograma.[2]

A fala do indivíduo nessas condições nomeia suas experiências no tempo e no espaço, ao mesmo tempo em que, por seu caráter ideogramático, apresenta em historicidade o estilo pelo qual ele se situa no tempo e no espaço do mundo. É uma fala que revela seu percurso pela vida e sua origem étnica, com seus encontros e desencontros: é a apresentação de seu estilo de ser. E mais, falar torna-se uma maneira especializada do brincar.

Weil (1989) afirma:

2. Fenollosa (1936) diz: "Mas a notação chinesa é muito mais do que símbolos arbitrários. Baseia-se numa pintura vívida e sucinta das operações da Natureza. Nas figuras algébricas e na palavra falada, não existe nenhuma conexão natural entre a coisa e o signo: tudo depende de simples convenção. Mas o método chinês obedece à sugestão natural... A poesia chinesa fala de imediato com a vividez da pintura e a mobilidade dos sons... Lendo o chinês não temos a impressão de estarmos fazendo malabarismos com fichas mentais, e sim de observar as coisas enquanto elas vão tecendo seu próprio destino" (pp. 114-115).

Self e linguagem

De fato, sofremos as coisas, mas temos um poder sobre quase todas as palavras. Não tenho nenhum poder sobre o sol e as estrelas, mas tenho todo o poder sobre a palavra "sol". Nesse sentido, "Abre--te, Sésamo" é um símbolo. Evocação dos mortos, dos espíritos: bastam as palavras para provocar as reações que a coisa provocaria. Todas as coisas se tornam nossos brinquedos graças à linguagem. Através de minhas palavras, disponho da terra, do sol e das estrelas. Qualquer pensamento seria impossível, se fôssemos em relação às coisas tão passivos quanto somos impotentes (p. 57).

Simone Weil aborda uma questão que me parece importantíssima. Ela aponta uma função da linguagem poucas vezes mencionada na literatura. A linguagem, quando permite o brincar, é uma forma de ação sobre o mundo. É o gesto verbal.

Se vamos abordar a linguagem do ponto de vista do *self*, temos de ter uma escuta que não só acompanha o aspecto discursivo, mas também o que se apresenta esteticamente na fala do paciente. Pelo aspecto discursivo pode-se compreender profundamente a maneira como o paciente lida com suas relações objetais, sua vida pulsional, suas defesas e a maneira como as instâncias psíquicas se organizam. A partir da poesia de sua fala, apreende-se seu *self* e o modo como sua existência acontece.

Do ponto de vista discursivo, pela escuta flutuante, pode-se analisar o psiquismo do paciente. Na perspectiva de um entendimento em que a fala-poesia é desvelamento do *self*, a questão não é mais a análise do discurso, mas sim o sustentar da função poético-constitutiva. O que permite ao paciente colocar em marcha o contínuo processo de criação do mundo e de si mesmo. No primeiro nível, o trabalho é desconstrutivo; no segundo, ele se caracteriza por localizar os elementos estéticos da fala do analisando que apresentam seu estilo de ser. Tecnicamente, reapresentar ao paciente o aspecto ideogramático de sua fala, na situação transferencial oportuna, não só possibilita que ele se surpreenda, encontrando naquele elemento seus enigmas e sua história, como também favorece seu encontro com o gênio poético de seu *self*. Ele pode recuperar, por esses procedimentos, sua capacidade criativa primária e, com ela, os fundamentos de seu *self*. Dependendo da forma como se intervém, pode-se estar atingindo um determinado nível do fenômeno ou outro, ou ainda, ambos.

Assim, por exemplo, ao longo de um tempo, pode-se perceber como um paciente se apresenta poeticamente para, em outro momento, se intervir na situação clínica, utilizando imagens já usadas por ele, que não só rompem seu discurso, mas também promovem uma re--significação de sua fala na transferência, possibilitando-lhe encontrar seu estilo de ser na imagem apresentada como intervenção.

É interessante observar que a construção poética de si mesmo está presente, potencialmente, desde as primeiras sessões. Percebe-se que a articulação do espaço, do tempo, do movimento, da poesia e das imagens utilizadas pelo paciente guardam entre si uma coerência interna, apresentando um mesmo estilo de ser, uma maneira peculiar de estar na vida e no mundo, que reflete sua singularidade.

Esse é um ponto fundamental para se enfocar a questão do enquadre nessa perspectiva de trabalho. Porque, para que ele dê conta das problemáticas do *self*, é importante que tenha relação com as funções necessitadas pelo paciente e que acolha o estilo de ser do paciente.

3. Winnicott afirma que, quando o bebê pode criar a mãe, estabelece-se a experiência de ilusão. Dessa experiência inicial de onipotência, surge o espaço potencial. Área entre o bebê e sua mãe, que emerge durante a fase de repúdio do objeto *não-eu*. É o lugar do brincar criativo e das experiências culturais.

O enquadre facilita, ou não, o estabelecimento do espaço potencial[3] na situação clínica. Ele, o espaço potencial, só ocorre no encontro da presença subjetiva do analista e do analisando. Dessa forma, determinado analista, com determinado paciente, em um determinado processo, necessitará para seu trabalho um enquadre específico para aquele encontro.[4] As invariantes do processo, os elementos que definem o enquadre, precisam tanto contemplar as características do analista quanto do analisando.

É no espaço potencial que o paciente pode continuar o processo de constituição e devir de seu *self*. Ao longo do tempo, essa possibilidade é também encontrada na relação com os objetos culturais. O indivíduo pode, então, interagir com o que existe no campo cultural, encontrando aí não apenas a coisa, mas, fundamentalmente, a presença humana. Pode dialogar e compartilhar com outros homens que viveram ou viverão em outras épocas. Sem essa possibilidade que o espaço potencial fornece, o texto, a música, a obra trazem informações, porém, não relações. Nesse ponto, os textos e as falas de outros homens podem também ser compreendidos não só como comunicações, mas também, parafraseando Bosi, como *movimentos do espírito*.

---

4. Green (1978) afirma, referindo-se ao espaço potencial no encontro analítico: "*O analista não é um objeto real; o analista não é um objeto imaginário*. O discurso analítico não é o discurso do paciente, nem é do analista, nem é a soma dos dois. O discurso analítico é a *relação* entre dois discursos que não pertencem nem ao campo do real nem ao do imaginário. Isso pode ser descrito como um *relacionamento potencial* ou, mais precisamente, como um discurso de *relacionamentos potenciais*, em si próprio potencial" (p. 293). Essas são colocações interessantes, apesar de não apreciar a ênfase no discurso, pois acredito que se tratando de linguagem, estaríamos lidando com dimensões não essencialmente discursivas.

Capítulo VI
A MATERIALIDADE DO *SELF*

Eu sempre sonho que uma coisa gera,
nunca nada está morto.
O que não parece vivo, aduba.
O que parece estático, espera.

ADÉLIA PRADO, 1991, p. 19

Winnicott, com seus conceitos de objeto e fenômenos transicionais, abre uma perspectiva importantíssima na compreensão da constituição, da evolução e da clínica do *self*: **sua materialidade.** Tradicionalmente, a noção de objeto é utilizada como uma abstração teórica, como: o objeto do desejo, o objeto da pulsão, o objeto interno e assim por diante. Com a noção dos fenômenos transicionais, somos levados a contemplar a relevância da sensorialidade da experiência, pois os fenômenos transicionais ocorrem na dimensão sensorial do mundo. São fenômenos que implicam o encontro da vivência subjetiva com a materialidade do mundo objetivamente percebido.

Winnicott assinala que o cuidado da mãe com seu bebê possibilita o acontecer humano e inicia o processo de temporalização do *self* do bebê. No entanto, gostaria de assinalar que essas situações fundantes são muito mais do que isso, pois o *self* não só se temporaliza, como faz do tempo "carne" de si. Ele não apenas acontece em um espaço proporcionado pelo outro, mas também faz do espaço matéria, parte integrante de si. Essas concepções encontram alguma resistência para serem incorporadas à maneira tradicional de pensar os fenômenos humanos e a clínica psicanalítica. Costumeiramente, há na psicanálise até mesmo certo preconceito em abordar a materialidade do mundo e da experiência humana, com argumentos de que a elaboração simbólica prescinde da materialidade ou da sensorialidade das coisas. Acredita-se ser possível o recorte de um mundo interno abstraído do contexto existencial do indivíduo.

Em nossa cultura, é raro poder olhar as coisas e perceber que elas são encontros de relações entre vários homens, muitas vezes até de homens que viveram em épocas diferentes. As coisas transpiram a cultura com suas tradições, perspectivas e sabedoria de vida. As crianças, os artistas e, talvez, os antropólogos são os que melhor compreendem essas questões. Assim, nos versos de Adélia Prado utilizados no início deste capítulo, encontramos a concepção da "coisa viva" belamente apresentada, o objeto é lugar de pulsação e vida humana. Em suas palestras, é comum Adélia dizer: "Deus pousa sobre as coisas", "o santo é encardido pelo cotidiano", tentando comunicar a seus ouvintes esse olhar que pressente a presença do ser nas coisas do cotidiano, nos objetos do mundo.

Em minhas investigações, encontrei na filosofia russa inspiração para pensar mais amplamente essas dimensões da sensorialidade do *self*. A tradição intelectual russa tem demonstrado, há séculos, a preocupação com o mistério das coisas e dos objetos materiais como códigos fenomenológicos do ser. Michael Epstein (1997) assinala que no pensamento russo há uma ênfase no ontologismo, mas de forma contrastante com o pensamento ocidental, pois, enquanto no ocidente existe um enfoque no idealismo abstrato, na Rússia o ontológico se dá na materialidade.

A materialidade do *self* | 129

"Ó sagrada corporeidade!", costumava dizer Vladimir Solovyev, filósofo russo do início do século. A própria concepção de divindade desenvolvida pela Igreja Cristã Ortodoxa russa está assentada sobre a materialidade da criação, na formulação teológica de Sofia ou sabedoria divina. Nesse vértice, a sabedoria divina encontra sua expressão na materialidade das coisas criadas.

Essa visão é decorrente do sincretismo entre as concepções pagãs e as doutrinas cristãs, no qual o culto da Mãe-Terra e o culto do Pai Celestial interagiram, produzindo a mentalidade russa sobre a materialidade do mundo. Muitos foram os filósofos que trataram dessas questões: Pavel Florensky, Vladimir Solovyov, Chernyshevskii, Nikolai Fedorov, Vasilii Rosanov, Dmitrii Prigov, Aleksandr Melamid, entre outros (ver Fedotov, 1946).

Foi nesse solo fértil que as concepções do materialismo soviético germinaram. O fato é que esses autores podem contribuir muito para nossa compreensão dos fenômenos tratados neste trabalho.

Encontramos na produção intelectual russa uma grande quantidade de trabalhos filosóficos, teológicos e artísticos que abordam o que nós chamaríamos de fenômenos transicionais. A Dra. Anesa Miller Pogacar (1997) produziu o que denominou Arquivos Líricos, com a colaboração do poeta Vladimir Aristov, do filósofo Mikhail Epstein e do artista Ilya Kabakov.

A ideia dos Arquivos Líricos originou-se de um movimento artístico de 1980, em que se tentava revelar a significância de objetos usados no cotidiano, que, pelo fato de terem sido utilizados por alguém, traziam uma história emocional. Assim, os arquivos davam lugar a esses objetos que foram denominados **objetos líricos**. Esses itens eram chaves, canetas, canecas, roupas etc. Sua significância não estava em seu valor econômico ou estético, mas na experiência pessoal e irrepetível dos indivíduos que interagiram com eles. O Arquivo buscava realçar a consciência dos valores dos objetos presentes ao redor dos indivíduos na vida contemporânea, com a esperança de que isso pudesse levar as pessoas a uma apreciação das coisas que, normalmente, são encaradas como insignificantes. Ao lado dos valores materiais, históricos e artísticos presentes de maneira mais intensa em alguns objetos, todo objeto, mesmo o mais insignificante, pode possuir um valor pessoal ou lírico. Isso é derivado do grau de experiência e significado dados às coisas e da extensão em que elas foram incorporadas na atividade espiritual de seu dono.

A dimensão lírica do objeto pode não ser visualmente evidente em sua aparência ou em sua estrutura interna. Mas, ao serem referidos a seus donos, podem trazer à tona sentimentos, pensamentos que estiveram investidos neles por aqueles que os possuíram. A observação do objeto, dentro desta referência histórica, permite que seu valor lírico se manifeste.

O movimento artístico que originou esses Arquivos surgiu na década de 1980, com o crescente interesse que os objetos do cotidiano tiveram diante da necessidade de se tentar restaurar seu *status* ontológico esgarçado pelas pressões tecnológicas e ideológicas do século XX (ver Epstein, 1997). No mundo pós-moderno, o lugar dos objetos como articuladores de história e a tradição de uma comunidade foi rompido, e o olhar que descobre os objetos líricos procura restabelecer a realidade da "coisa" como pouso e passagem da vida humana.

Vejamos um texto, do poeta tcheco Jilli Wolker (1900-1924, p. 68), em que se pode perceber claramente essa maneira de olhar o mundo, característica do povo eslavo:

A materialidade do *self* | 131

Os Objetos

Adoro os objetos, companheiros calados,
porque todos os tratam
como se fossem desprovidos de vida
eles, no entanto, vivem e nos contemplam
como cães fiéis de olhar concentrado,
e padecem,
porque homem algum fala com eles.
Têm vergonha de começar o diálogo,
calam-se, aguardam, calam-se,
e gostariam tanto
de pôr-se a conversar!
Por isso adoro os objetos todos
E o mundo inteiro.

Temos, nessa classe de objetos, um tipo de fenômeno transicional em que se busca resgatar o lugar humano em um mundo fragmentado pela tecnologia e pelo consumismo. Nessa perspectiva, os objetos apresentam a história da passagem de pessoas pelo mundo. É interessante observar o valor terapêutico que esse tipo de objetos tem na recuperação ou na constituição de aspectos do *self*.

Um adolescente de 16 anos foi trazido pelos pais para análise, pois parecia apático e sem se interessar por nenhuma atividade, muito menos as escolares. Chegou ao consultório apresentando-se de maneira simpática e cooperadora. Disse que não tinha vontade de fazer nada, passava os dias em seu quarto, muitas vezes sentindo-se entediado. Ia à escola, mas não se concentrava e nem se interessava pelo que era exposto em aula. Tinha alguns amigos, embora saísse pouco com eles.

Em meu consultório havia muitos objetos nas paredes: quadros, bonecos, objetos de diferentes culturas etc. O paciente, em sua primeira sessão, ficou quieto, observando os objetos nas paredes.

Depois de algum tempo em silêncio, comentou que achava o consultório "bem transado". Perguntou de onde vinha um dos bonecos, uma velha camponesa. A história do boneco foi-lhe contada. Ele parecia admirado e bastante interessado no relato. Comentou imaginar que cada um dos objetos deveria ter uma história. Confirmei sua suposição. Perguntou-me se lhe contaria a história dos objetos pelos quais se interessasse. Disse-lhe que sim. Nas sessões seguintes analista e paciente "passeavam" pelos objetos. Diante do interesse do paciente, relatava-se a história de um deles. No tempo restante da sessão conversava-se sobre as impressões e associações que o rapaz fazia a respeito do que tinha visto e ouvido. O objetivo dessas conversas não era a realização de alguma interpretação sobre o conteúdo de sua fala, mas dar-lhe a possibilidade de encontrar, no diálogo, a oportunidade de evolução de suas impressões e articulações. Aqui e ali, algo bastante relevante de sua história surgia em sua comunicação.

Realizávamos um processo bastante próximo ao jogo de rabiscos de Winnicott, só que por meio dos objetos do consultório do analista. Trafegávamos pelo espaço potencial criado pelo uso que fazíamos dos objetos disponíveis. Percebíamos que tanto era importante que ele se deparasse com aspectos significativos de sua vida, quanto o fato de encontrar em cada objeto uma história que se revelava.

Benjamin (1936), ao discutir o lugar da narrativa, assinala que ela se assenta na reminiscência, pois esta funda a cadeia da tradição que transmite os acontecimentos de geração em geração. A narrativa, segundo ele, tece a rede que, em última instância, todas as histórias constituem entre si. Uma se articula com a outra. Eu diria que ela nos coloca em contato com toda a história humana, inserindo a singularidade na vida de todos os homens. Acredito que Benjamin concordaria com essa afirmação, pois ele sustenta:

A materialidade do *self* | 133

O narrador (...) pode recorrer ao acervo de toda uma vida (uma vida que não inclui apenas a própria experiência, mas em grande parte a experiência alheia). O narrador assimila a sua substância mais íntima aquilo que sabe por ouvir dizer. Seu dom é poder contar sua vida; sua dignidade é contá-la inteira (p. 221).

Tínhamos, em nosso encontro, o suporte de uma situação em que o consultório, com seus objetos, havia adquirido a função de um espaço transicional, entre analista e analisando, entre o espaço privado e o público, entre os si-mesmos dos participantes e os objetos nas paredes, entre um outro tempo e o tempo presente, entre a casa do analista e a casa do paciente. As narrativas aconteciam ancoradas nos objetos, objetos líricos, segundo a nomenclatura de Pogacar.

Em dado momento, o rapaz diz: "Tudo tem história, e a minha? Você sabia que, em meu quarto, não há nada que seja realmente meu? Acho que nem em minha casa tem coisas assim, são coisas de decoração". Penso que ele fazia uma constatação importantíssima: o tempo e o espaço em que vivia eram estranhos, não havia apropriação criativa de seu mundo, o que o levava a um profundo desenraizamento e à perda de sentido de si e de sua vida, manifestada como tédio.

Na sessão seguinte, satisfeito, disse que tinha plantado uma muda de samambaia e que a tinha colocado em seu quarto: **ação inaugurante!** Gradualmente, foi se apropriando de seu espaço em seu quarto e também no mundo. O interessante foi que, aproximadamente um ano e meio depois, ele disse que vinha comentando com seu pai sobre o que estava fazendo em seu quarto e também sobre como era o consultório do analista, e que seu pai manifestou o desejo de visitar o consultório para ver os objetos a que ele se referia. O rapaz achava que seria uma boa ideia o pai fazer essa visita, e ela foi agendada.

O pai do rapaz, ao chegar ao consultório, demonstrou interesse semelhante ao do filho e parecia ansioso por ver alguns dos objetos que o garoto mencionava. Fizemos o mesmo que havia sido feito com seu filho, pois ele também queria saber a história dos objetos. Depois de certo tempo de visita, o pai do rapaz sentou-se, parecendo deprimido, e disse que havia morado algum tempo na Europa, onde havia frequentado algumas casas que tinham objetos semelhantes. Na verdade, havia sido hóspede de uma família, cuja casa contava a história das gerações anteriores de seus membros. Ele dizia sentir saudades. Após uma pausa, lançou a pergunta: "Por que será que eu, tendo vivido lá, não trouxe e nem guardei a influência que recebi daquelas pessoas? Meu filho tem razão, nossa casa é impessoal...". Essa era uma pergunta que demandava o início da análise daquele senhor, e foi o que ele fez, com outro analista.

Esse trabalho foi bastante instigante e tornou mais aguda para mim a compreensão da importância da materialidade do objeto na situação analítica. São meios pelos quais pode ser possível a um indivíduo alojar-se no mundo com outros.

Os fenômenos e os objetos transicionais são elementos fecundos na clínica do *self*. Tenho percebido que Winnicott abriu um caminho de trabalho e reflexão, que só aos poucos vamos compreendendo em sua profundidade e fecundidade clínica. Na verdade, sabemos ainda muito pouco sobre esses fenômenos, e esse caminho de investigação tem ainda um longo percurso. Abordamos uma classe de objeto transicional: o **objeto lírico**. Há outros.

Recordo-me que, durante a recente perseguição aos curdos, assistia em um programa de notícias à triste marcha daquelas pessoas que partiam de sua terra natal. Impressionou-me um homem que, no meio da caminhada, interrompeu seus passos para abaixar-se, tomar um punhado de terra nas mãos, esfregá-la

A materialidade do self

sobre a região do coração e, com a mão cerrada e detida naquele gesto, caminhava com o rosto banhado de lágrimas de dor e de revolta. O que me impressionou foi observar aquele homem, em um momento trágico de sua vida, com um gesto tão sofrido e, ao mesmo tempo, tão poético. Ali também estava o objeto sensível e pulsante.

Se na constituição e evolução do *self*, na criação do outro e do mundo, são importantes a materialidade e a experiência, muito mais importante é a sensorialidade do objeto que visa a sanar um processo de desenraizamento ou de não constituição de aspectos do *self*.

Na cena descrita, a terra nas mãos do exilado era o objeto que, em sua materialidade e poesia, o unia à terra-mãe. Ele fez um amálgama da terra com o coração. A terra é o coração, o coração é a terra. O coração sangra e ele o cura com o pó de sua origem. Estamos diante de um outro tipo de fenômeno transicional: o **objeto étnico**.

A imigração ou migração pode deixar feridas profundas no sentimento de si mesmo. Trata-se de um tipo de desenraizamento que torna, às vezes, difícil para o imigrante e para seus descendentes reconhecerem-se em sua especificidade étnica, no novo ambiente que os recebe. É frequente ouvir dessas pessoas, na situação clínica, a queixa de que sentem uma ruptura em si mesmas e um desalojamento da continuidade de ser, proporcionados por suas inserções no fluxo de vida de seus ancestrais. São fendas que as isolam das formas sensoriais peculiares a seus países de origem. Em contato com essas formas, esses indivíduos sentem que elas os revigoram e os curam. Se estivermos atentos a essas questões, poderemos perceber que cada região da terra tem certo tipo de luminosidade, de cheiros, de sonoridades, de estética, que caracteriza aquela comunidade. O imigrante é profundamente sensível a esses elementos.

Em uma de minhas visitas ao Monte Athos, estado monástico na Grécia, encontrei um jovem monge de origem brasileira. Encontrava-se, há alguns anos, naquela parte do mundo em meio a seus votos e a uma vida de ascese. Perguntei-lhe, ao me despedir, se queria alguma coisa do Brasil. Ele ficou um pouco em silêncio e disse-me que, se da próxima vez que voltasse a visitá-lo, levasse um saquinho de feijão preto, ficaria contente e, em seguida, em sua modéstia monástica, disse-me: *"não, não precisa..."*. Era uma fala que expressava a saudade de uma etnia: saudades do gosto da mãe e do país de origem.

Uma senhora, com idade ao redor de 60 anos, procurou análise por estar deprimida e sem ânimo. Vivia nesse estado psíquico há muitos anos. Era de origem europeia; vivera os horrores de uma guerra mundial, quando perdeu entes muito queridos. Imigrou para o Brasil e, ao longo dos anos, estruturou um quadro melancólico, que se cronificou.

Iniciou um trabalho psicanalítico com uma analista com quem estabeleceu um vínculo de confiança. As sessões eram invadidas por tédio e depressão. A paciente queixava-se, dizendo sentir-se empobrecida, sem recursos para nada. A analista procurou, ao longo do processo, analisar a melancolia e os dinamismos de sua hostilidade. Com frequência, a senhora referia-se ao passado com nostalgia, pois lhe parecia que aquela época fora mais rica e mais cheia de vitalidade. Vitalidade e riqueza, que para ela pareciam estar perdidas para sempre.

Algumas vezes, ao se referir ao passado, lembrava de experiências que havia tido com sua mãe fazendo comidas, em seu país de origem. Uma panela de cobre era o elemento que apresentava e aglutinava essas recordações.

A analista, certa vez, viu uma panela de cobre em uma loja e, lembrando-se daquela senhora, resolveu comprar o objeto para dá-lo à paciente em uma ocasião propícia. Aproximava-se o dia do aniversário da paciente, que continuava sempre com as associações nostálgicas e sem vida. Na sessão mais próxima do aniversário, a analista ofereceu-lhe como presente a panela de cobre. A analisanda surpreendeu-se com o objeto, demonstrando alegria e encantamento pelo presente. O objeto oferecido pela analista produziu uma transformação no estado da analisanda.

Estabeleceu-se ali um momento estético de encantamento, o que restabeleceu a experiência de ilusão. A paciente reencontrava, por meio da ligação transferencial e do objeto apresentado pela analista, seu passado, a presença afetiva de sua mãe, sua capacidade criativa, sua feminilidade, sua cultura, sua origem étnica.

A partir desse ponto, a analisanda usou a panela para organizar jantares com seus amigos. Gradualmente sentiu-se mais segura e esperançosa para lidar com seu cotidiano. Começou a vestir-se com mais cores, sentindo prazer com sua feminilidade. Resolveu viajar para seu país de origem, onde visitou lugares de sua infância e seus antigos conhecidos. Reencontrou-se em sua história, voltou ao Brasil não mais idealizando seu passado, pois já não era necessário, trazia-o em seu ser.

A panela de cobre, nesse caso, era um objeto complexo. Em sua transicionalidade, era ao mesmo tempo um objeto lírico, um objeto parte de uma cultura e étnico.[1] A panela realizou o feito de presentificar a história da paciente em sua complexidade, favorecendo o processo de cura dentro da situação transferencial.

Najjar (1997) relata algumas situações clínicas interessantes, que podem ilustrar o que estou denominando objeto étnico, com função transicional. Entre elas, escolho o relato sobre Vera:

---

1. Muitas vezes um mesmo objeto representa diversos registros da constituição do *self* no mundo.

Vera, mulher de 40 anos,(...) relata a seguinte experiência em sua sessão de análise: "Toda vez que adentro a igreja em que fui batizada (greco-ortodoxa) e frequentei durante a primeira infância, deparo--me com uma experiência singular: ao ouvir o som dos cantos e sentir o aroma do incenso ortodoxo, imediatamente transporto-me a um lugar para dentro de mim mesma que me enraíza e me coloca em atitude de reverência. A partir dessa tomada de consciência, a paciente compra o incenso, assim como alguns CDs do referido canto e deles passa a fazer uso sempre que deseja, ou necessita, um mergulho para dentro de si mesma. No relato de Vera, o som e o aroma emergem como experiências sensoriais que a remetem às raízes culturais sobre as quais desenvolveu o próprio *self* (p. 172).

Essa é uma bela descrição, na qual é possível perceber que o som e o cheiro tecem-se com o *self* e, quando esses elementos são reapresentados, conectam o indivíduo aos aspectos fundantes de si mesmo, possibilitando o acesso às experiências de quietude e de ser.

Quando menino, vivi por certo período com meus avós paternos. A casa de meus avós situava-se em um grande terreno onde também estava instalada a oficina de trabalho de meu avô. Ele fazia e pintava carrocerias de caminhão. Para realizar seu trabalho, utilizava-se frequentemente de uma forja e de uma bigorna. Com esses instrumentos de trabalho, meu avô moldava os ferros que iriam segurar as madeiras das carrocerias que ele faria.

Lembro-me de que era ao redor da forja e da bigorna que eu e meus primos brincávamos. Era fascinante ver a forja em ação com suas grandes labaredas e os ferros serem martelados e moldados apoiados sobre a bigorna. Era comum eu me sentar perto daquele lugar e contemplar o trabalho de meu avô. Tudo aquilo me encantava.

Mais tarde, quando visitava meu avô, então já bem velhinho, ele sempre me levava para o quintal de sua casa, onde havia uma horta, a forja e a bigorna. Com satisfação, mostrava-me as

A materialidade do *self* | 139

verduras que cresciam e as últimas ferramentas que havia feito na forja e na bigorna. Um dia ele me disse: "*Aqui é meu canto, passo meu tempo plantando, brincando com a forja e a bigorna, trabalho um pouco. Se não trabalhasse aqui, já teria morrido, o trabalho me mantém vivo*".

Sempre tive um profundo respeito pela forja e pela bigorna, principalmente pela bigorna, pois era nela que o trabalho de meu avô acontecia. Dediquei minha dissertação de mestrado a meu avô. Lá eu dizia: *A meu avô que, por meio da forja e da bigorna, mostrou-me a importância do trabalho na transformação da vida*.

Levei muitos anos para conseguir desvelar o que a bigorna significa para mim e, nesta altura do percurso, sei que farei isso até o fim da vida. A bigorna está presente, de certa forma, nos rumos que toma meu pensamento e meu fazer no mundo. É claro, por exemplo, que ela está pulsando nos desenvolvimentos dos capítulos desse trabalho em que procuro enfocar o acontecer e as repercussões do *self* na materialidade do mundo. Ela aponta e funda minha concepção de homem e do divino.

Que objeto é a bigorna? Objeto transicional sem dúvida. Ele tem o perfil do objeto lírico, de um objeto étnico, mas fundamentalmente é o que denomino **objeto de *self***. Esse tipo de objeto presentifica um estilo de ser, princípios de vida da pessoa que o cria aperceptivamente. Costumeiramente, ele aparece muito cedo na vida de alguém. Frequentemente, é constituído no campo da realidade subjetiva para, gradualmente, ter o lugar de objeto transicional em direção ao caminho para a realidade compartilhada do mundo sociocultural.

Tenho observado, em inúmeras análises nas quais os aspectos discutidos neste trabalho são considerados, que, ao longo do processo psicanalítico, o paciente vai revelando e se apropriando desse tipo de objeto. Seu pleno estatuto se dá no período em que o analisando integra a singularidade de sua criatividade em seu self. O **objeto de self** encarna o estilo de ser do indivíduo no mundo sensorial.

É importante ressaltar que os objetos líricos, étnicos, ou de *self*, não são necessariamente objetos que tenham sido confeccionados pelo homem, podem ter sido retirados do mundo natural. Nessas classes de fenômenos, a clássica dicotomia entre cultura e natureza perde um pouco seu sentido. O objeto eleito para essas funções pode ser uma pedra, uma árvore ou mesmo um animal.

Flávio tinha 10 anos quando veio para sua primeira sessão de análise. Entrou na sala sorrindo, com um andar ritmado e gingado. Chegou com uma cartolina enrolada debaixo do braço. Ao entrar, olhou para o material disposto sobre a mesa e disse desenrolando a cartolina:

— *Trouxe um desenho que fiz já faz algum tempo. Queria que ele ficasse aqui. Pode?*

Abriu a cartolina e mostrou-me o desenho. Parecia um animal semelhante a um cachorro ou lobo, pintado de preto, com a boca aberta, vermelha e com dentes à mostra.

— *Este é o Fonte, mistura de cachorro, raposa e lobo. Ele é forte e pode ser muito perigoso. Vou deixar ele aqui, está bem?*

— *Está bem! Ao longo do tempo vamos ver se o Fonte nos conta o que o faz tão perigoso,* disse-lhe.

Durante o tempo em que trabalhamos juntos (cinco anos), o Fonte sempre esteve presente, cada vez pontuando algum aspecto relevante em nosso encontro e nas situações de vida do menino. O Fonte nunca foi interpretado. Parecia ser um elemento de grande complexidade, e qualquer interpretação esvaziaria a riqueza da potencialidade que ele parecia possuir.

A materialidade do *self*

Durante todo o período de trabalho, o Fonte permaneceu sobre o divã na maior parte do tempo. Algumas vezes Flávio deitava-se no divã para contar algum episódio ou um sonho e, eventualmente, segurava momentaneamente a cartolina, para devolvê-la em seguida a seu lugar costumeiro.

Flávio desenhava, jogava e, em alguns momentos, o Fonte, como um totem, nos revelava alguns de seus mistérios. Como certo dia em que Flávio brincava de guerra com os soldadinhos. Fez um cenário para a guerra, pintando sobre o papel sulfite bombas vermelhas explodindo pelo campo de batalha. Lavava algumas vezes o pincel na bacia com água. De repente, entrou em pânico com a cor da água.

— *Tá vermelha!* — ele diz — *Parece sangue... boca do Fonte!*

Flávio afastou-se da mesa e da bacia, dizendo que não queria mais brincar, estava cansado e preferia ir embora. Disse-lhe que parecia estar muito assustado porque temia que nossa brincadeira de guerra realmente terminasse em sangue. Ele me olhou preocupado, permanecendo em silêncio o resto da sessão.

O Fonte anunciou a primeira ejaculação que colocava Flávio no mundo dos *"macho men"*. Na sessão em questão, Flávio tomou a cartolina do Fonte e a enrolou, em seguida colocou duas bolinhas de pingue-pongue dentro dela e tapou as bordas com as mãos. Chacoalhou a cartolina de um lado para o outro, cantando *"Macho man"*, música de sucesso na época.

De vez em quando, tirava a mão da abertura superior do tubo, fazendo com que as bolinhas voassem para algum canto da sala. Segurou com as mãos os dois puxadores da cortina, que tinham a forma de bolas, e, batendo uma bola na outra, dizia:

— *Está faiscando, está faiscando!...*

Esse episódio abriu um novo período de trabalho, em que enfocamos as angústias referentes a sua sexualidade.

De alguma forma, o Fonte pontuava as transformações que ocorriam em seu *self*, sem que jamais se esgotassem as possibilidades de suas significações. Conversávamos sobre o Fonte, brincávamos com o Fonte, até que Flávio pediu tocos de madeira para construir algo que ainda não sabia o que seria.

Sessão após sessão, os tocos de madeira eram colados uns aos outros, formando uma estrutura, sem que soubéssemos o que estava sendo construído. Algumas vezes, essas madeiras eram pintadas antes de serem coladas, mas, de fato, parecia não haver um plano preestabelecido para a construção. Finalmente, Flávio disse que sabia o que era: **era um lugar!**

— *Lugar?*, perguntei.

— *Lugar, serve para morar, guardar coisas. Pode ser uma casa, uma caixa, uma cama, uma fonte, um lugar,* disse Flávio.

O lugar demorou mais algum tempo para ser terminado. Para o dia do término da obra, Flávio pediu um copo de plástico. Ele o pintou, escreveu sobre ele o nome de sua mãe e, em seguida, o colou sobre a estrutura de madeira e disse:

— *Pronto, terminei!*

Levantou-se, pegou o Fonte sobre o divã, picou a cartolina e disse:

— *Não preciso mais disso. O Fonte virou uma fonte!*

É importante saber que um dos *hobbies* dos pais de Flávio era a criação de cachorros e que ele, desde menino, tinha grande afeição por aqueles animais. Apreciava os lobos especialmente. Ao longo de nosso trabalho, conversávamos muito sobre eles. Flávio gostava da maneira como eles se movimentavam, como viviam em grupos, ao mesmo tempo em que pareciam ter um sentido de autonomia bastante pronunciado.

Em sua adolescência, Flávio desenvolveu certo estilo de ser em que também o sentido de autonomia era significativo, sem que

A materialidade do *self*

isso afetasse sua relação com o grupo ou com o outro. O Fonte apresentava o seu sentido de ser. Era um objeto de *self*.

Ao longo do trabalho analítico, além da elaboração dos diversos aspectos de sua subjetividade, proporcionados pelos desdobramentos dos sentidos do Fonte, uma questão parecia ser importantíssima: era muito complicado para ele ter um animal como objeto de *self*. Isso o ameaçava em sua humanidade e na possibilidade de acesso à civilização. O encanto frente ao Fonte, aparentava-o excessivamente aos animais. Era necessário que, em presença do outro, no espaço potencial, o sentido humano do ser Fonte fosse encontrado. Ele precisava de um lugar em que isso pudesse acontecer, para que o ser Fonte fosse a fonte de sua vitalidade e de seu estilo de ser no mundo. Esse estilo é fruto do encontro da constituição de uma pessoa com sua história e a história de seu meio ambiente.

Observa-se, na clínica, que o objeto de *self* pode ser um objeto manufaturado pelo homem, um objeto da natureza, um tipo de articulação temporal ou espacial. Ou seja, pode ser composto em qualquer elemento do campo de experiência do *self*. De qualquer forma, sempre apresenta o estilo de ser do indivíduo em cada um dos sentidos de realidade.

De posse de seu sentido de ser, o homem caminha em direção à realização de uma obra, de um objeto no mundo compartilhado, que insira seu estilo e sua história em níveis perenes e eternos. Trata-se de um movimento em que a pessoa cria um objeto que tem um valor sagrado. É sua participação não só na história de uma comunidade sociocultural, mas na história do Homem.

Adélia Prado (1994), referindo-se a sua obra, diz: *A poesia é maior que seu autor. Toda obra é maior que seu autor. A poesia me protege, ela é jovem, bonita, perene, eterna...* Temos, nessa citação, um exemplo do que denomino objeto artístico-religioso: a obra que instala a criação do indivíduo na história da humanidade.

Quando voltamos nosso olhar para o *self*, temos de enfocar o acontecer humano por meio da materialidade do mundo. Nessa perspectiva, cada objeto tem importância em si. Não porque, simplesmente, signifique algo, mas porque abre uma possibilidade de ser no mundo com outros homens.

Tradicionalmente, a psicanálise tem tido seu maior enfoque de estudo e trabalho na palavra, no discurso. O *self*, no entanto, apresenta-se em conjunções orgânicas com qualidades artísticas. Ele está na maneira como o homem organiza a sonoridade, o tempo, o espaço, o gesto, dentro da relação com um outro significativo.

O paciente na sessão dança, faz poesia, cria arquiteturas, melodias e ritmos. É frequente perceber que o conjunto de metáforas que o paciente utiliza, em seu discurso, guarda correspondências com a maneira como ele organiza, por exemplo, o tempo e o espaço.

Não se deve pensar no *self* como organização mental, ou como uma representação de si mesmo, mas como o indivíduo organiza-se no tempo, no espaço, no gesto, a partir de sua corporeidade. O *self* se dá no corpo, o *self* é corpo.

O analista atento a esses fenômenos pode conduzir o processo analítico dando condições para que o paciente possa encontrar a evolução de seu processo de maturação para, eventualmente, encontrar seu estilo de ser. No momento em que o analisando, na situação transferencial, reencontra, cria ou recria o objeto do *self*, por meio do gesto, da sonoridade, do espaço e do tempo, o *self* acontece! O *self* é gesto, é ação, é acontecimento no mundo. Trata-se de um tipo de ação que nada tem a ver com a ação entendida como atuação. A ação que enfoco é inauguração, é abertura de possibilidades no mundo.

A materialidade do *self*

Um indivíduo repete indefinidamente uma determinada ação até que ela possa acontecer no mundo, ou seja, com outros humanos que possam responder, com seu ser, ao que se desenha naquele gesto, pois o *self* é lugar de encontros.

Muitos comportamentos chamados destrutivos assinalam que o indivíduo jamais teve o encontro humano necessitado. São situações em que o ser humano vive em solidão absoluta, em um estado de sofrimento sem fim, pois, nessas áreas de experiências, não há para ele tempo ou espaço. O indivíduo nessas condições faz o possível e o impossível para afetar alguém e inscrever-se no mundo dos homens.

Mesmo nas situações de sofrimentos medonhos, existe algum elemento na maneira de ser de determinada pessoa que indica onde está sua possibilidade de vir a ser. Às vezes, é no silêncio ou na desesperança que o indivíduo pode ser encontrado. É a desesperança que vai poder dar origem ao gesto, que abrirá a constituição do *self* no mundo e o caminho para que o analisando encontre seu estilo de ser. O lugar no mundo se abre, as coisas passam a ser vistas não mais como lugar de morte e de *não-ser*. Parafraseando Adélia Prado, então, "qualquer coisa é a casa da poesia".

Explicação de poesia sem ninguém pedir

> Um trem-de-ferro é uma coisa mecânica,
> mas atravessa a noite, a madrugada, o dia,
> atravessou minha vida,
> virou só sentimento.
> (ADÉLIA PRADO, 1991, p. 49)

Capítulo VII
O *SELF* NO MUNDO

A escravidão é o trabalho sem luz de eternidade, sem poesia, sem religião. A privação dessa poesia explica todas as formas de desmoralização.

SIMONE WEIL, 1943, p. 463

Tradicionalmente, na psicologia e na psicanálise tem havido ênfase no estudo da subjetividade, do psiquismo, da realidade interna ou do mundo interno. O comum tem sido conceber o homem independentemente de seu meio, de seu acontecer e de suas ações no mundo. Trata-se de um vértice que isola o ser humano e que compreende suas diversas manifestações psíquicas sempre a partir de uma problemática subjetiva.

O fato é que esse tipo de recorte leva-nos a perder de vista fenômenos importantes na compreensão da condição humana.

Quando Winnicott afirmou que "não existe um bebê sem sua mãe", estava assinalando um princípio para a compreensão do *self*, que, na verdade, está presente a cada momento do processo maturacional: **não existe o *self* sem o outro, o *self* acontece no mundo**. O acontecer humano demanda a presença de um outro. As primeiras organizações psíquicas do bebê, a entrada na temporalidade, a abertura da dimensão espacial, a personalização só se constituem e ganham realização pela presença de alguém significativo.

Hanna Arendt (1958) ensina-nos que a realidade do mundo é garantida pela presença dos outros. O mundo consiste nas coisas, que devem sua existência aos homens e que, por sua vez, também condicionam os autores humanos. Assim, tudo o que adentra o mundo humano torna-se parte da condição humana. O trabalho e seu produto, o artefato humano, emprestam permanência e durabilidade ao caráter efêmero do tempo humano. A cada nascimento, o novo começo pode fazer-se sentir no mundo, porque o recém-chegado possui a capacidade de iniciar algo novo: agir. Adentramos no mundo ao nascer e o deixamos para trás ao morrer. O mundo transcende a duração de nossa vida, tanto no passado como no futuro. Ele preexistia a nossa chegada e sobreviverá a nossa breve permanência. O nascimento humano e a morte de seres humanos não são ocorrências simples e naturais, mas se referem a um mundo ao qual vêm e do qual partem indivíduos únicos, entidades singulares, impermutáveis e irrepetíveis.

Tenho encontrado, no pensamento de Arendt, intuições fecundas para a compreensão e abordagem clínica das perturbações do *self* no mundo. Seu olhar rompe com uma visão que considera o mundo uma manifestação natural, aponta para a singularidade de cada ser humano, reconhece a importância dos outros para o acontecer humano e enfatiza o valor da ação como forma de o bebê surgir no mundo.

Na situação clínica, tenho ouvido inúmeras vezes pacientes falando de um tipo de sofrimento de maneira bastante próxima às formulações utilizadas por Arendt para referir-se à condição humana.

Sem dúvida, pode-se afirmar que é preciso entrar no mundo para que o indivíduo sinta-se vivo e existente, mas tem de ser de uma maneira singular e pessoal. Não basta, para o acontecer do *self* do bebê, que o mundo esteja pronto com suas estéticas,

O *self* no mundo | 149

com seus códigos, com seus mitos. A criança precisa, pelo gesto, transformar esse mundo em si mesma. É preciso que o mundo, inicialmente, seja ela mesma, para que ela possa apropriar-se dele e compartilhá-lo com outro.

A realidade compartilhada é construção de muitos, é campo em que existe a construção de todos. Com Arendt, poderíamos afirmar que a Existência é o que aparece a todos. Tudo o que deixa de ter essa aparência surge e se esvai como um sonho, realidade subjetiva, mas desprovida da realidade do mundo compartilhado com outros.

A "mãe suficientemente boa" também não existe sem os outros. Ela não existe sem um campo sociocultural, que lhe dê possibilidades de exercer suas funções. A boa maternagem, assim como suas falhas, tem origem na mãe, no pai, nos ancestrais, na situação social em que a mãe se encontra, nas características de sua cultura e de sua época. Trata-se de um fenômeno de grande complexidade.

Pela experiência de onipotência, o bebê cria sua mãe, e isso lhe possibilita sua entrada no mundo. É um momento em que, por seu gesto, ele recria o mundo preexistente, transformando-o, por intermédio de sua mãe, sua (do bebê) imagem e semelhança. Esse também é o ponto em que se constitui a dimensão étnica de seu *self*, pois, à medida que o bebê toma o corpo materno como o próprio, organiza-se segundo os aspectos étnicos da comunidade em que nasceu. Esses elementos étnicos se desenvolvem e ganham sofisticação, ao longo do desenvolvimento, pelo convívio da criança com as pessoas em seu meio ambiente, pela apropriação do *ethos*, refletido na corporeidade, nas emoções e atitudes, desses outros significativos (*vide* Devereux 1978, 1980 e Kardiner & Linton 1939).

Observa-se que pacientes que não encontraram essa experiência identificaram-se com uma coisa, um vegetal, um animal, um alienígena, quando não organizaram uma psicose, como forma de proteção, frente à agonia impensável, decorrente da impossibilidade de criar um mundo ao qual possam pertencer.

Na situação em que esses fenômenos ocorreram satisfatoriamente, a criança sente-se existente e viva. O mundo é o bebê e o bebê é o mundo. O poema de autoria de Tagore (1991) ilustra belamente esse momento:

> Eu beijei este mundo com os olhos
> e todo o meu ser, e o escondi
> nas dobras sem fim do meu coração
> Inundei os seus dias e noites com pensamentos,
> até que o mundo e a minha vida fundiram.
> Eu amo a minha vida, porque eu amo
> a luz do céu que se envolveu
> tão inteira comigo.
>
> (A colheita, Poema 53)

Esse é o ponto de partida para que o *self* venha, ao longo da história do indivíduo, a alcançar as diferentes nuances do habitar o mundo.

Se o encontro inicial é importante pelo estabelecimento das dimensões étnicas do *self* e pela criação do mundo pelo gesto do bebê, em um momento posterior a criança poderá destruir sua criação do mundo, pois poderá encontrá-lo em sua durabilidade e realidade não subjetiva. O mundo revela-se como permanente e capaz de ser apropriado pela criança e também de acolher o gesto inaugurante-transformador, pelo qual ela poderá inserir-se na realidade compartilhada de maneira original.

É grande o número de casos clínicos em que, por exemplo, uma criança com um comportamento compulsivo e destruidor busca a possibilidade de inscrever-se na subjetividade do outro, buscando, assim, lugar no mundo humano.

Recordo-me de um menino de 4 anos que era analisado por uma mulher. Sistematicamente, ele a agredia ou destruía algum objeto ou parte da sala de atendimento. O comportamento do menino sobrecarregava a analista contratransferencialmente, pois a levava a ficar irritada ou a odiá-lo. O desejo de interpretar um comportamento como o desse menino em termos de descarga ou tentativa de invasão da analista com sentimentos penosos e formulações semelhantes é realmente grande. O comportamento do menino transformou-se imediatamente quando a analista disse-lhe que ele marcava a sala de terapia e também o corpo dela, porque não tinha esperança de marcar alguém no coração, já que não acreditava que fosse amado ou importante para alguém.

Depois da fala da analista, o menino sentou-se no divã e, suspirando, exclamou: *"Ah! Tia! Como você sabe disso?"*. Seguiu-se um período em que puderam conversar sobre as angústias do garoto.

Se a inscrição no mundo não pôde ser realizada pela interação e comunicação com alguém significativo, certamente tenderá a acontecer de forma impulsiva e desorganizada, que expressa o desespero sem nome, vivido pelas pessoas que não tiveram aqueles acontecimentos em suas histórias.

Milner (1952), como foi citado anteriormente, apresenta um caso em que pôde perceber o sentido da destrutividade de um paciente como expressão da necessidade que ele tinha de encontrar a maleabilidade do mundo externo, para que pudesse se reencontrar em sua criatividade original. Milner conclui, em seu artigo, que esse tipo de destrutividade não podia ser considerada simplesmente como uma regressão defensiva, mas como uma fase recorrente no desenvolvimento da relação criativa com o mundo.

Quando lidamos com seres humanos, estamos trabalhando com seres que buscam intensamente, com os meios disponíveis, sua possibilidade de humanizar-se. Penso que o artigo de Milner ilustra essa questão de maneira bastante clara.

Indivíduos que não puderam viver esse tipo de experiência não sentem que podem ter fecundidade no mundo. Sentem que não podem ter uma ação no mundo que os transforme de forma pessoal, vivem uma impotência básica, que não está determinada pela impotência decorrente da angústia de castração vivida no tempo do complexo de Édipo. Vivem, sim, uma castração do ser.

Winnicott (1969) tratou dessa questão de maneira brilhante, ao abordar o que denominou "uso de um objeto". Ele assinala que a passagem de relacionar-se com o objeto para usar o objeto assenta-se sobre a capacidade do sujeito de destruir o objeto para, dessa forma, tirá-lo da área de seu controle onipotente. Segundo ele, isso é parte do caminho para o estabelecimento do princípio de realidade. Eu diria que é mais do que isso. Trata-se do momento em que a pessoa entra na possibilidade de não só criar o mundo, como fez no estado subjetivo, mas de *criar no mundo*, pois o indivíduo entra, por esse meio, no mundo.

O alojamento do *self* no mundo prossegue em movimentos cada vez mais sofisticados. O outro aspecto fundamental na organização do *self* é a fundação do privado e do público. Muitos pacientes não conseguem ter uma vida privada; essa possibilidade não aconteceu em suas histórias, apesar de ansiarem pelo senso do privado.

Se o indivíduo não pode destruir o mundo para encontrá-lo em sua permanência, não pode também repudiar o que não faz parte de sua subjetividade. Essas são pessoas que experimentam a onipresença dos

O *self* no mundo | 153

pais e, em decorrência disso, vivem também a onipresença dos outros. Para elas não há espaço, tempo ou recolhimento privados.

Uma paciente que vivia em exaustão, pois sentia que o mundo a atravessava, sem que ela encontrasse possibilidade de repouso, falava de um período de sua infância em que viveu em colégio interno, onde não era possível ter um espaço pessoal. Comentava o quanto era terrível para ela ir ao banheiro e encontrar, atrás das portas, o desenho de um olho com a frase *"Deus te vê"*. O terrível era que essa situação não estava restrita ao internato, mas era paradigmática da maneira como ela experimentava as situações de sua vida.

É importante assinalar que, evidentemente, havia uma dimensão superegoica terrível, mas com uma especificidade: era impossível a vida privada, era proibido afastar quem quer que fosse de sua vida íntima, era proibido ter um espaço e tempo de descanso e recolhimento.

É comum, na situação clínica, quando a confiança está estabelecida na relação transferencial, esses pacientes procurarem criar o senso de privacidade por meio de faltas, atrasos, mutismo, segredos. É claro que interpretar esses fenômenos como resistência ou atuação é repetir, na situação analítica, a falha ambiental, agora pela onipresença avassaladora do analista que proíbe o privado. Esses comportamentos poderiam ser considerados resistência ou atuação, já que sempre é possível ao paciente falar para seu analista dos anseios que possa ter de alcançar o espaço privado.

Penso que a questão é outra. Quando falamos de *self*, de sua constituição e de suas organizações, a questão não é mais a palavra, mas é o **gesto**. É a ação no mundo, como assinala Arendt. A palavra tem sua eficácia para a abertura de possibilidades de ser, se ela tiver a função de gesto, de ação no mundo. Cabe ao analista discriminar as situações em que a ação é uma atuação, ou seja, movimento ao qual o paciente se segura para não cair no terror sem nome da ação, que é abertura de possibilidade de acontecimento no mundo.

Masud Khan, por sua história, tinha grande consciência da importância dessa questão. Em seus trabalhos clínicos pode-se observar que, frequentemente, estava atento às dificuldades de seus pacientes nessa área. Em um de seus artigos (1983), "*Secret as potencial space*", expõe belamente essa questão, em seu atendimento de uma paciente, que ele denominou Caroline. Não cabe aqui descrever todo o caso. Gostaria apenas de enfocar um episódio na vida de Caroline, ocorrido aos 3 anos e 6 meses de idade. Ela pegou dois valiosos candelabros da sala de jantar e os enterrou no jardim da casa. Isso produziu grande alvoroço, pois ninguém sabia o que tinha ocorrido com os castiçais.

Quando Caroline tinha 9 anos, durante as férias, voltou com seus pais à casa onde tinha ocorrido o episódio. Quando todos tomavam chá, Caroline foi até ao jardim, desenterrou os candelabros e os devolveu a seus pais. Todo o acontecimento tinha um contexto, que permitiu perceber que esconder os objetos e manter segredo por tanto tempo tinha sido uma maneira de ausentar-se de um ambiente familiar turbulento. A ação de criar um segredo era elemento primordial, mais do que o possível conteúdo simbólico dos castiçais. Por meio dela, procurava criar o privado.

Alguns pacientes, sem poder criar o privado, buscam no isolamento uma saída para a angústia de sentir-se invadido pela presença constante dos outros em seu espaço íntimo. Frequentemente, essa solução defensiva traz outro tipo de angústia: o horror de jamais ser encontrado.

O *self* no mundo | 155

Quando, pelo trabalho de análise, o isolamento pode ser superado e o indivíduo abre-se para o mundo, há a ocorrência de um temor intenso de estar excessivamente exposto, sem defesas para lidar com a presença transbordante do outro. Até que o gesto criador da privacidade possa acontecer, é frequente o aparecimento de terrores noturnos e também de sintomas psicossomáticos, tais como: dermatites ou alergias intensas. É como se, no nível do corpo, estivessem se apresentando as poucas defesas possuídas pelo analisando diante da presença excessiva do outro.

Arendt (1958) discute a questão do social e do privado afirmando que uma existência vivida inteiramente em público torna-se superficial, pois retém sua visibilidade, mas perde a qualidade de vir à tona a partir de um terreno mais sombrio. Terreno que deve permanecer oculto, a fim de não perder sua profundidade em sentido muito real e não subjetivo. Concordo totalmente com essas afirmações. A partir de questões como essas podemos perceber como o processo de realização de si mesmo é de grande complexidade, pois, para que ocorra é preciso que, a cada momento do processo maturacional, novas dimensões de sentido de si sejam criadas pelo indivíduo.

Na questão do estabelecimento do público e do privado como sentido de si mesmo, está um dos pontos contundentes da natureza humana, ou seja, a criação da singularidade de si no mundo com outros e a criação dos "muitos" em si no campo da singularidade do *self*. Uma vez que o *self* esteja bem constituído, em um registro, a pessoa é única e singular, enquanto, em outro, ela é muitos. Esses "muitos" são seus ancestrais, sua história com todos que a auxiliaram, com suas presenças atuais ou simbólicas, na constituição de si mesma.

Nossa cultura está tão impregnada pela idolatria da individualidade que perde de vista que o homem é um ser singular que abriga o coletivo. A consciência dessa dimensão paradoxal do *self* humano é mantida por outras culturas, nas quais o mito da individualidade não foi tão prevalente. Na filosofia russa, por exemplo, temos vários autores como Khomiakov (1804-1860), Solovyov (1853-1900), Florensky (1882-1937), entre outros, que formularam essas questões, por se tratarem de aspectos bastante presentes na consciência do povo russo. Solovyov (1878) afirma:

> O ser humano para ser real necessita ser, ao mesmo tempo, um e muitos, entretanto, não é meramente a essência comum e universal de todos os seres humanos, tomada deles como uma abstração. O ser humano é universal, mas também individual, é uma entidade que contém todos os indivíduos humanos em si. Cada um de nós, todo ser humano, é essencialmente e realmente enraizado e também partilha do universal ou absoluto ser humano (p. 118, nossa tradução).

Perspectiva semelhante é encontrada nas culturas islâmica, hindu e judaica. Porém, o mais importante não é tanto, no momento, a existência dessas visões filosóficas, mas o fato de que se observam, na clínica do *self*, os dois diferentes registros, o do singular e o do coletivo, como aspectos fundamentais na realização do si-mesmo. Na ausência de um dos polos, há um sofrimento e uma vivência de *não-existência* e de não realização do *self*. Esses são aspectos que ecoam na célebre frase de Winnicott (1963): "é uma alegria estar escondido, mas um desastre não ser encontrado".

Com a evolução do *self*, à medida que a pessoa caminha rumo ao campo social, há a necessidade de que o indivíduo possa articular, ao mesmo tempo, a vida privada e a vida social, para encontrar, no campo social, inserções que preservem seu estilo de ser e sua história. É o momento da participação na sociedade por meio do

O *self* no mundo | 157

trabalho, do discurso, da obra, da ação política, ou seja, da capacidade criativa acontecendo no mundo com os outros. Pela ação criativa no mundo, o homem colabora com a durabilidade do mundo e com o processo histórico da sociedade. Esse é um fenômeno que precisa acontecer de maneira que o indivíduo realmente apresente a si mesmo nas ações no campo social.

Aqui também se pode observar, na situação clínica, o sofrimento decorrente da impossibilidade de a pessoa criar seu lugar na sociedade pela singularidade de seu gesto. O *self* em seu processo de devir se detém, e o indivíduo experimenta o *não-ser* no abismo que se abre entre ele e o campo social. É claro que, para que o ser humano possa criar seu *self* no registro social, é necessário já terem acontecido as etapas anteriores de sua constituição. No entanto, há fenômenos, nesse momento do processo, que podem jogar o indivíduo na ansiedade impensável, apesar de as etapas anteriores terem ocorrido de maneira satisfatória.

Uma mulher de 38 anos procurou a análise devido ao sentimento de depressão e porque sua vida profissional não tinha acontecido satisfatoriamente. Tinha um emprego, no qual ganhava pouco e suas capacidades eram subestimadas. Era uma mulher bastante culta, mas não conseguia encontrar um trabalho que, de fato, fizesse jus a seus recursos. Em reuniões sociais sentia-se frequentemente deslocada e inferiorizada. Em suas relações afetivas comportava-se de maneira submissa e adaptava-se completamente ao desejo do outro, sem poder saber se o que fazia era o que queria.

Iniciou-se a análise, e a situação transferencial adquiriu os mesmos contornos de suas relações afetivas. Era uma analisanda bastante articulada verbalmente, com grande capacidade de refletir sobre o que vivia, mas eram características que ela não conseguia utilizar para uma transformação de sua situação de vida.

Ela era filha de imigrantes que tinham vindo para o Brasil tentar uma melhoria de vida, mas que encontraram grande dificuldade para inserir-se na realidade social brasileira. Viveram um período de discriminação, e a mãe tentou trabalhar como empregada doméstica. Muitas vezes não tiveram o que comer e era preciso pedir algo para os vizinhos para que pudessem se alimentar.

Sua fala e sua maneira de ser revelavam, ao longo da análise, o profundo sentimento de indignidade e vergonha que se tinha abatido sobre sua família. Ela relatava recordações de sua infância em que dizia pensar que aquela situação não era para ser vivida por gente.

Fomos percebendo, com o passar do tempo, que ela carregava um sentimento de humilhação que não era só dela, mas também de sua família. Trazia para a análise a fratura que se apresentava em seu *self*, decorrente do desenraizamento vivido por seus pais por ocasião da imigração, em condições inóspitas.

O interessante foi que essa situação da história familiar tomou o campo transferencial, na situação analítica. No terceiro ano de análise a paciente perdeu o emprego e ficou sem condições de realizar o pagamento dos honorários das sessões. Decidimos continuar a análise, combinando que ela pagaria as sessões, gradativamente, após conseguir um novo emprego.

Ela vinha às sessões regularmente e procurava fazer bom uso delas. Depois de algumas semanas, em um período em que estava angustiada com o fato de não estar podendo pagar as sessões, viu sobre uma mesinha, ao lado da cadeira do analista, um cheque. Disse estar muito perturbada com a visão do cheque, porque se sentia humilhada por não poder pagar as sessões. Após um tempo, disse que, desde que havia iniciado sua análise, perguntava-se o que ocorreria se algum dia não conseguisse pagar suas sessões. Queria saber como o analista a trataria, se a atenção e o cuidado seriam

O *self* no mundo | 159

os mesmos, se a análise teria a mesma qualidade.
 Era uma situação curiosa, porque estávamos, entre outras coisas, diante de um tipo muito específico de situação transferencial: uma transferência que assinalava a exclusão social, a diferença de classes, a imigração não assimilada. Tivemos a oportunidade de conversar sobre essas questões e possibilitar, com o trabalho analítico, que ela colocasse sob o domínio de seu eu a vivência de humilhação e indignidade experienciadas por ela e sua família, em sua história. Havia sido uma experiência ocorrida no passado que tinha invadido e fraturado a ética de seu *self*.
 Simone Weil (1943) tem afirmações muito lúcidas a respeito dessas questões. Ela nos ensina que o ser humano tem uma raiz por sua participação real, ativa e natural na existência de uma coletividade, que conserva vivos certos tesouros do passado e certos pressentimentos do futuro. Ela alerta para as decorrências do desenraizamento, que podem se dar por desemprego, má qualidade de situação de trabalho, imigração, falta de instrução. Para ela, o desenraizamento é a mais perigosa doença das sociedades humanas, pois multiplica a si própria. Os desenraizados, segundo ela, só têm dois comportamentos possíveis: ou caem numa inércia de alma equivalente à morte ou se lançam em uma atividade que perpetua o desenraizamento, podendo originar situações de intensa violência.
 Em nossa época, esse tipo de problemática é bastante sério. Nossa cultura manifesta-se, na atualidade, de uma maneira que já não mais reflete a medida humana. Recriar o mundo e o campo social torna-se mais complicado, pois, pela invasão da técnica como fator hegemônico da organização social, o ser humano só mais raramente encontra a medida de seu ser, que permita o estabelecimento do objeto subjetivo a cada um dos níveis de realidade para a constituição e o devir de seu *self*.

Em 1943, Weil já dizia:

> Em nossos dias, um homem pode pertencer aos meios chamados cultivados, de um lado sem ter nenhum conceito a respeito do destino humano, e do outro, sem saber, por exemplo, que todas as constelações não são visíveis em todas as estações. Acredita-se comumente que um camponês de hoje, aluno da escola primária, sabe mais do que Pitagorás porque repete docemente que a Terra gira em torno do sol. Mas, na realidade, ele não olha mais para as estrelas. Esse sol de que lhe falam na aula não tem, para ele, nenhuma relação com o sol que vê. Arrancam-no do universo que o rodeia, como arrancam os pequenos polinésios de seu passado, forçando-os a repetir: "Nossos antepassados, os gauleses, tinham cabelos louros".
>
> O que hoje se chama de instruir as massas é pegar esta cultura moderna, elaborada num meio tão fechado, tão deteriorado, tão indiferente à verdade, tirar dele tudo o que ainda pode conter de ouro puro, operação que se chama divulgação, e enfiar o resíduo, do jeito que está, na memória dos infelizes que querem aprender, como se leva a comida ao bico dos passarinhos (p. 414).

Em nosso tempo, as variantes do desenraizamento multiplicam-se em diversas direções, pela qualidade do trabalho realizado pelo indivíduo, pelas características do campo social, pelo tipo de organização do espaço urbano e rural, pela aceleração do tempo apresentado pelos meios de comunicação, pela mundialização das formas de vida. Santos (1997) mostra que a proximidade física é indispensável à reprodução da estrutura social. A crescente separação entre as classes agrava a distância social. Os homens vivem cada vez mais amontoados em aglomerações monstruosas, mas estão isolados uns dos outros.

Tendo clareza de que o *self* acontece em um meio ambiente, é evidente que as fragmentações culturais favorecem o aparecimento de fendas na constituição do si-mesmo.

O *self* no mundo | 161

Realizou-se uma pesquisa com meninas de rua,[1] em São Paulo, com o objetivo de compreender de que maneira o *self* delas se organizava. Constatou-se que elas não tinham identificação com o campo social e que experimentavam, na rua e no contato com as outras crianças de rua, o lugar de pulsação do *self*. A inclusão dessas meninas em instituições ou lares substitutos retiravam-nas do único espaço que dava condições para que elas tivessem a vivência de estar realmente no mundo. O mundo na rua era o campo do estabelecimento do objeto subjetivo. Era uma situação em que o desespero, decorrente de não encontrarem o humano em seus ambientes de origem, as levava a esse tipo de solução, que muitas vezes as colocava em extremo risco de morte.

É importante ter claro que o desenraizamento promove o aparecimento de intensas angústias, muitas vezes com a qualidade das angústias impensáveis. Nesses casos, é fundamental que o analista possa reconhecer essa situação, sem reduzi-la a um subproduto da vida pulsional da pessoa. O olhar do analista pode, então, possibilitar que o analisando reconheça, em seu sofrimento, seu anseio de encontrar sua inserção, de maneira digna, no mundo dos homens.

Winnicott (1967b) assinala que, quando se fala de alguém, fala-se dessa pessoa com a soma de suas experiências culturais. A cultura, para ele, é o campo em que se pode encontrar experiências sobre a vida de outras gerações e também o lugar em que se pode inserir as próprias experiências, como contribuição para outros. Ele dá grande importância aos mitos, que são produtos da tradição oral, pois por eles o relato de uma história se dá

---

1. Dissertação da mestranda Hildebranda Dias Ferreira, defendida em 1996, no Curso de Estudos Pós-Graduados em Ciências Sociais, da Pontifícia Universidade Católica de São Paulo.

junto com a transmissão da tradição. É nela que a singularidade da criatividade do indivíduo pode acontecer: "Não é possível ser original, exceto tendo por base a tradição". O interjogo entre originalidade e aceitação da tradição como base para a capacidade inventiva é um exemplo do interjogo entre separação e união, indivíduo e comunidade (ver Solovyov citado anteriormente). O campo cultural dá continuidade à vida da espécie humana, que transcende a vida pessoal. É interessante observar como, na maturidade do *self*, assim como foi necessário ao indivíduo realizar sua inserção na vida social, será também fundamental que ele sinta poder contribuir para a herança cultural da humanidade. Isso é realizado por meio dos filhos, da arte, da ciência, da religião, da história, da ação política. Aqui o que parece importar não é tanto a vida singular e pessoal, mas a vida do Homem, através das gerações. Como exemplo, cito Einstein (1953):

> O mistério da vida me causa a mais forte emoção. É o sentimento que suscita a beleza e a verdade, cria a arte e a ciência. Se alguém não conhece esta sensação ou não pode mais experimentar espanto ou surpresa, já é um morto-vivo e seus olhos se cegaram. (...) Não me canso de contemplar o mistério da eternidade da vida. Tenho uma intuição da extraordinária construção do ser. Mesmo que o esforço para compreendê-lo fique sempre desproporcionado, vejo a Razão se manifestar na vida. (...) Eu, enquanto homem, não existo somente como criatura individual, mas me descubro membro de uma grande comunidade humana. Ela me dirige, corpo e alma, desde o nascimento até a morte. Meu valor consiste em reconhecê-lo. Sou realmente um homem quando meus sentimentos, pensamentos e atos têm uma única finalidade: a comunidade e seu progresso. Minha atitude social, portanto, determinará o juízo que têm sobre mim, bom ou mau (p. 12-14).

Neste ponto, é comum a pessoa buscar outras culturas com o objetivo de ampliar as formulações sobre a vida realizada por outros seres humanos. Nenhum grupo social ou cultural dá conta da diversidade da experiência humana. Assim, o contato com o diferente funciona como o outro, com quem é possível estabelecer-se novos objetos subjetivos para a constituição de outros aspectos da experiência de ser e de vir-a-ser.

Os objetos culturais atravessam o tempo e permitem que se dialogue com os seres humanos de outras épocas, para o contínuo relacionar-se com os mistérios da vida e da morte.

> O que é vida e o que é morte
> Ninguém sabe ou saberá
> Aqui onde a vida e a sorte
> Movem as cousas que há.
> Mas, seja o que for o enigma
> De haver qualquer cousa aqui,
> Terá de mim próprio o estigma
> Da sombra em que eu vivi.
> (FERNANDO PESSOA, *Poesias coligidas*, n. 795 de 10-4-1934)

Capítulo VIII
A MORTE

T.S. Eliot *"Costing not less than everything"*
T.S. Eliot *"What we call the beginning is often the end
And to make an end is to make a beginning."*
The end is where we start from."
Prayer: *"Oh God! May I be alive when I die".*[1]

WINNICOTT, 1978, p. 4

Winnicott, em seu artigo de 1941, "A observação de bebês em uma situação estabelecida", descreve o procedimento que utilizava na observação de bebês com suas mães. Os bebês tinham entre 5 e 13 meses de idade.

Ele pedia à mãe da criança em observação que sentasse no lado oposto àquele onde ele se encontrava, com o canto da mesa entre os dois.

Um depressor de língua brilhante era colocado, em ângulo reto, na quina da mesa. Inevitavelmente, a criança era atraída pela espátula, e seu comportamento era observado sem que houvesse participação ativa do observador ou da mãe da criança.

A sequência normal de eventos compreendia três estágios:

1. Este era o início da autobiografia que Winnicott tentava escrever no final de sua vida: T. S. Eliot "Custando não menos do que tudo". T.S. Eliot "O que nós chamamos de começo é frequentemente o fim e fazer um fim é fazer um começo. O fim é de onde começamos". Oração: "Ó Deus! Possa eu estar vivo quando eu morrer".

a) Período de Hesitação — O bebê é atraído pelo objeto, mas permanece em um dilema entre pegar ou não a espátula.

b) Período de Posse — O bebê supera o período de hesitação e apanha a espátula, leva-a à boca com salivação intensa.

c) Período da Repulsa pelo Objeto — O bebê joga a espátula no chão. Se ela lhe é restituída, ele novamente a joga. O bebê parece desfrutar do ato de livrar-se da espátula. Gradualmente, se desinteressa por ela e está pronto para ir embora.

Sempre considerei esse artigo de Winnicott fundamental para se compreender os princípios de sua clínica. Observa-se a função fundamental que tem a espera do analista para que seu paciente realize o gesto de apropriação do mundo, o papel fundamental do tempo na condução do processo analítico, o lugar em que esses acontecimentos possam ocorrer. Mais que tudo isso, observa-se, nos três períodos descritos, o ciclo vital do *self*: o nascimento, o acontecer de si pela apropriação do mundo, o gesto que cria o repúdio pelo objeto e também a possibilidade de morrer.

Winnicott afirma que o morrer é parte da saúde, parte do processo maturacional. Mas só pode morrer quem existiu, e existir é acontecer e agir no mundo humano. É terrível olhar para a morte quando o *self* não se constituiu de maneira satisfatória nos diferentes níveis de suas possibilidades. A morte nessas condições é aniquilamento, é *não-ser*, é reencontro com as angústias impensáveis.

O paradigma da morte está no próprio processo de nascer, em que os movimentos que levam ao nascimento criam também a possibilidade do abandono do estado anterior. No processo maturacional, a criança, pela capacidade de repudiar, coloca sob o domínio de sua capacidade criativa a separação do objeto, o que permite que a separação seja algo a ser usufruído e não só lamentado.

A morte | 167

Há pacientes que buscam a capacidade de criar a separação desesperadamente, pois vêm de ambientes em que a separação procurada foi compreendida como movimento destrutivo.

Esse é um ponto fundamental na condução da análise, pois, levando-se em conta os três períodos descritos por Winnicott, tem-se que, a cada sessão, possibilitar que seu término esteja subordinado ao movimento criativo do paciente. Isso significa que a sessão termina no momento em que o paciente se livra do analista, por não mais necessitar dele naquela sessão. Esse tipo de postura ética abre caminho para que o analisando não só crie potencialmente, a cada sessão, o término de sua análise, mas também trabalhe nela a possibilidade de criar o gesto que acolha o morrer, próprio e dos outros.

O que procuro salientar é que, assim como há a necessidade de que o *self* crie e tome como parte de si o tempo, o espaço, o mundo, há também necessidade de realizar o mesmo com o morrer. Tanto é importante para o indivíduo que entre no mundo humano, quanto é importante que, em um ponto de seu processo, o abandone. É interessante que, quando a pessoa encontra essa possibilidade, a individualidade de seu *self* deixa de ter importância em si para haver uma ênfase no *self* coletivo, na história humana. O indivíduo pode acolher a morte, se aconteceu e se contribuiu com suas pegadas, com sua vida, com sua singularidade, na história da humanidade. Ao morrer, delega sua vida ao espaço potencial, lugar onde encontra morada junto de todos os que existiram e/ou existirão. Poderá experimentar algo como o formulado pelo poeta:

O que oferecerás à Morte, quando
ela bater à tua porta?
Vou oferecer à minha hóspede a taça
cheia de minha vida. Não deixarei que ela

vá embora de mãos vazias.

Colocarei diante dela a suave colheita de todos os meus dias de outono e de todas as minhas noites de verão. No fim dos meus dias, quando ela bater à minha porta, vou entregar-lhe tudo o que ganhei e tudo o que recolhi com o árduo trabalho da minha vida.

(TAGORE, 1913, p. 90)

Referências bibliográficas e videográficas

ABBAGNAMO, N.(1971). *Dicionário de filosofia*. 3. ed. Trad. Alfredo Bosi *et al*. São Paulo, Martins Fontes, 1998.

ADÉLIA PRADO. *Uma mulher desdobrável* (vídeo). Direção Luciano de Paiva Mello. São Paulo, Imagem Vídeo e Audiovisual Ltda. 1994. 1 cassete VHS, color. son.

ARENDT, H.(1958). *A condição humana*. 8. ed. Trad. Roberto Raposo. Rio de Janeiro, Forense Universitária, 1997.

ASAS do desejo (Filme - vídeo). Direção de Wim Wenders. São Paulo, Vídeo Arte, 1987. 1 cassete VHS, 128 min. p & b. e color. son.

BALINT, M.(1979). *La falta básica. Aspectos terapéuticos de la regresión*. Trad. Alberto Luís Bixio. Buenos Aires, Paidós, 1982.

BENJAMIN, W. O narrador. Considerações sobre a obra de Nikolai Leskov. Em: Benjamin, W. *Obras Escolhidas. Magia e Técnica, Arte e Política*. São Paulo, Brasiliense, 1994.

BERGSON, H.(1939). *Matéria e memória. Ensaio sobre a relação do corpo com o espírito*. Trad. Paulo Neves da Silva. São Paulo, Martins Fontes, 1990.

BILAC, O. Satânia. Em: BANDEIRA, M. *Antologia dos poetas brasileiros. Fase parnasiana*. Rio de Janeiro, Nova Fronteira, 1996.

BLOOMER, K. Humanist issues in architecture. Em: *Journal of Architectural Education*. 29, n.1, september, 1975.

_____; MOORE, C. *Body, Memory, and Architecture*. London, New Haven, Yale University Press, 1977.

BOLLAS, C.(1987). *A sombra do objeto. Psicanálise do conhecido não pensado*. Trad. Rosa Maria Bergallo. Rio de Janeiro, Imago, 1992.

BOSI, A. *O ser e o tempo da poesia*. São Paulo, Cultrix, 1997.

CASSIRER, E.(1942). *Las Ciencias de la Cultura*. 6. ed. México, Fondo de Cultura Económica, 1993.

CLARK, L. *Lygia Clark*. Rio de Janeiro, Funarte, 1980.

DEVEREUX, G. (1965). Schizophrenia: an Ethnic Psycosis, or Schizophrenia without Tears". Em: *Basic Problems of Ethnopsychiatry*. Trad. Basia Miller Gulati e George Devereux. Chicago e London, The University Press, 1980.

_____. *Ethnopsychoanalysis. Psychoanalysis and Anthropology as Complementary Frames of Reference*. Los Angeles, London, University of California Press, 1978.

DOLTO, F. (1949). Cura psicanalítica com a ajuda da boneca-flor. Em:*No jogo do desejo*. Trad. Vera Ribeiro. Rio de Janeiro, Zahar, 1984.

_____. (1984). *A imagem inconsciente do corpo*. São Paulo, Perspectiva, 1992.

DOXIADIS, C. *Architectural Space in Ancient Greece*. Trad. J. Tyrwhitt. Cambridge, M.I.T. Press, 1972.

DUNCAN, I. (1917). *Isadora. Fragmentos autobiográficos*. Trad. Lya Luft. Porto Alegre, L&PM, 1997.

EINSTEIN, A.(1953). *Como vejo o mundo*. Trad. H. P. de Andrade. Rio de Janeiro, Nova Fronteira, 1981.

EPSTEIN, M. The phoenix of Philosophy: on the Meaning and Significance of Contemporary Russian Thought". Em: SYMPOSION. *A Journal of Russian Thought*. Los Angeles, Charles Schlacks Publisher, University of Southern California, vol. 1, 1996, pp. 35-74.

FEDOTOV, G.(1941). *The Russian Religious Mind I & II*. Belmont, Nordland Publishing Company, 1975.

FENOLLOSA, E.(1936). Os caracteres da escrita chinesa como instrumento para a poesia. Em: Campos, H.(org.). 2. ed. *Ideograma. Lógica. Poesia. Linguagem*. São Paulo, Edusp, 1986.

FLORENSKY, P.(1914). *The Pillar and Ground of Truth. An Essay in Orthodox Theodicy in Twelve Letters*. Trad. Boris Jakim. New Jersey, Princeton University, 1997.

GALARD, J. (1984). *A beleza do gesto. Uma estética das condutas*. Trad. Mary Amazonas Leite de Barros. São Paulo, Edusp, 1997.

GIBSON, J. J. *The Senses Considered as Perceptual Systems*. Boston, Houghton Mifflin, 1966.

GREEN, A.(1978). O espaço potencial na psicanálise. Em: *A loucura pessoal*. Trad. Carlos Alberto Pavanelli. Rio de Janeiro, Imago, 1988.

KHAN, M. Secret as Potential Space. Em: *Hidden Selves. Between Theory and Practice in Psychoanalysis*. New York, International Universities Press, 1983.
KARDINER, A. & LINTON, R. *The Individual and his Society*. New York, Colombia University Press, 1939.
KHOMYAKOV, A. *Polnoe Sobranie Sochineii*. Moscow, 1914
LALANDE, A. (1926). *Vocabulário técnico e crítico da filosofia*. 2. ed. Trad. Fátima Sá Correia *et al*. São Paulo, Martins Fontes, 1996.
LANGER, S. K.(1941). *Philosophy in a New Key. A study in the Symbolism of Reason, Rite and Art*. 3. ed. Cambridge, Harvard University Press, 1976.
_____. (1941). *Filosofia em nova chave*. 2. ed. Trad. Janete Meiches e J. Guinsburg. São Paulo, Perspectiva, 1989.
_____. (1953). *Sentimento e forma*. Trad. Ana M. Goldberger Coelho e J. Guinsburg. São Paulo, Perspectiva, 1980.
LAPLANCHE, J. & PONTALIS, J.(1967). *Vocabulário de psicanálise*. Trad. Pedro Tamen. Martins Fontes, Santos, 1970.
LATHAM, R. S. The Artifact as a Cultural Cipher". Em: L. B. Holland (Ed). *Who designs America*. New York, Anchor Books, Doubleday, 1966.
LEVINAS, E.(1979). *El Tiempo y el Outro*. Trad. José Luis Pardo Torío. Barcelona, Paidós Ibérica, 1993.
LÉVI-STRAUSS, C.(1957). A eficácia simbólica. Em: *Antropologia estrutural*. Trad. Chaim Samuel Katz e Eginardo Pires. 4.ed. Rio de Janeiro, Tempo Universitário, s. d.
LIPPS, T. *Raumaesthetik und Geometrisch-optische Täuschungen*. Leipzig, J. A. Barth, 1897.
LITTLE, M.(1981). *Transference Neurosis & Transference Psychosis*. New Jersey, Jason Aronson, 1993.
LOSSKY, V.(1957). *The Mystical Theology of the Eastern Church*. Cambridge, James Clarck Co., 1991.
MANN, T. *The Magic Mountain*. New York, Alfred A. Knopf, 1927.
MILNER, M.(1952). The Role of Illusion in Symbol For-mation". Em: *The Suppressed Madness of Sane Men*. London, New York, Tavistock, 1987.
_____. (1957). "The Ordering of Chaos". Em: *The Suppressed Madness of Sane Men*. London, New York, Tavistock, 1987.
MELTZER, D. E.; WILLIAMS, M. H. *The Apprehension of Beauty*. Old Ballechin, Clunie Press, 1988.

MOORE, C. *The Place of Houses*. New York, Holt, Rinehart & Winston, 1974.
NAJJAR. A. M. S. Raízes: como sobreviver sem a sua seiva. Em: CATAFESTA, I. F. M.(org.). *A clínica e a pesquisa no final do século*. Winnicott e a Universidade. São Paulo, Instituto de Psicologia da USP, 1997.
NIETZSCHE, F. *Poesias*. Trad. Angélica S. Colle. Rio de Janeiro, Organização Simões, 1958.
NOBERG-SCHULZ, C. *Existence, Space and Architecture*. New York, Praeger, 1971.
PAGET, V.v. *The Beautiful*. Cambridge, Cambridge University Press, 1913.
PESSOA, F. (1932). Poemas 754 e 795. Em: *Obra Poética*. Volume único. 3. ed. Rio de Janeiro, Nova Aguillar, 1998.
POGACAR, A. M. Introduction to a Lyrical Archive: Object and Text in the Suspension of Emotion. Em: SYMPOSION. *A Journal of Russian Thought*. Los Angeles, Charles Schlacks Publisher, University of Southern California, vol. 2, 1997, pp. 38-52.
PRADO, A. *Poesia reunida*. São Paulo, Siciliano, 1991.
ROUSSEAU, J. J. (1817). *Ensayo sobre el Origen de las Lenguas*. México, Fondo de Cultura Económica, 1996.
SAFRA, G. *Momentos mutativos em psicanálise – uma visão winnicottiana*. São Paulo, Casa do Psicólogo, 1995.
_____. O ícone russo e os fenômenos transicionais. Em: *IDE*. São Paulo, SBPSP, Dezembro, 1995, n. 27, pp.152-158.
SANTOS, M. *O espaço do homem*. São Paulo, Hucitec, 1982.
_____. *Técnica espaço tempo. Globalização e meio técnico-científico informacional*. São Paulo, Hucitec, 1997.
SCOTT, G. *The Architecture of Humanism*. 2. ed. New York, Doubleday, 1954.
SECHEHAYE, M. A. (1947). *La Realización Simbólica y Diario de una Esquizofrénica*. Trad. Jas Rauter e José Gutiérrez. 2. ed. México, Fondo de Cultura Económica, 1992.
SOLOVYOV, V. (1878). *Lectures on Divine Humanity*. Trad. Peter Zouboff. New York, Lindisfarne Press, 1995.
_____. *Pássaros Perdidos*. Trad. Ivo Storniolo. São Paulo, Edições Paulinas, 1991.
TAGORE, R. *A colheita*. Trad. Ivo Storniolo. São Paulo, Edições Paulinas, 1991.
_____. (1913). *Gitanjali*. Trad. Ivo Storniolo, São Paulo, Edições Paulinas, 1991.

TODOROV, T. (1995). *A vida em comum*. Trad. Denise Bottmann e Eleonora Bottmann. Campinas, Papirus, 1996.
TUSTIN, F. (1972). *Autismo e psicose infantil*. Trad. Isabel Casson. Rio de Janeiro, Imago, 1975.
WALLACH, A. *Ilya Kabakov. The Man Who Never Threw Anything Away*. New York, Harry Abrams, 1996.
WITTGENSTEIN, L. *Tratado lógico-filosófico e investigações filosóficas*. Tradução M. S. Lourenço. Lisboa, Fundação Calouste Gulbenkian, 1995
WEIL, S. (1989). *Aulas de filosofia*. Trad. Marina Appenzeller. Campinas, Papirus, 1991.
_____. (1943). "O enraizamento". Em: BOSI, E. (org). *Simone Weil. A condição operária e outros estudos sobre a opressão*. 2. ed. Trad. Therezinha Gomes Garcia Langlada. Rio de Janeiro, Paz e Terra, 1996.
WINNICOTT, C.(1978). "D. W. W.: uma reflexão". Em: WINNICOTT, D.W. *Explorações psicanalíticas*. Trad. José Octavio de Aguiar Abreu. Porto Alegre, Artes Médicas, 1994.
_____. (1941). "A observação de bebês em uma situação estabelecida". Em: *Textos selecionados. Da pediatria à psicanálise*. 4. ed. Trad. Jane Russo. Rio de Janeiro, Francisco Alves,1993.
_____. (1948). "Primary Introduction to External Reality: the Early Stages". Em: *Thinking About Children*. London, Karnac Books, 1996.
_____. (1951). Objetos e fenômenos transicionais. Em: *Textos selecionados. Da pediatria à psicanálise*. Trad. Jane Russo. 4. ed. Rio de Janeiro, Francisco Alves, 1993.
_____. (1951). "Transitional Objects and Transitional Phenomena". Em: *Through paediatrics to psychoanalysis*. Collected papers. London, Karnac Books, 1992.
_____. (1960). The Theory of the Parent-infant Relationship". Em: *The Maturacional Process and the Facilitating Environment*. London, Karnac Books, 1990.
_____. (1963). "Comunicação e falta de comunicação levando ao estudo de certos opostos".Em: *O ambiente e os processos de maturação Estudos sobre a teoria do desenvolvimento emocional*. 3. Ed. Trad. Irineu Constantino Schich Ortiz. Porto Alegre, Artes Médicas, 1990.

WINNICOTT, D. W.(1965)."The Psychology of Madness: a Contribution from Psycho-analysis". Em: *Psycho-analytic explorations*. London, Karnac Books, 1989.

_____. (1965a). "New Light on Children's Thinking". Em: *Psycho-analytic Explorations*. London, Karnac Books, 1989.

_____. (1967). "Mirror-role of Mother and Family in Child Development". Em: *Playing & Reality*. London, New York, Tavistock/ Routledge, 1992.

_____. (1967a). "Addendum to the Location of Cultural Experience". Em: *Psycho-analytic Explorations*. London, Karnac Books, 1989.

_____.(1967b). "A localização da experiência cultural". Em: *O brincar e a realidade*. Trad. José Octávio de Aguiar Abreu e Vanede Nobre. Rio de Janeiro, Imago, 1975.

_____.(1968). "As comunicações entre o bebê e a mãe e a mãe e o bebê, comparadas e contrastadas". Em: JOFFE, G. D. (org.). *O que é Psicanálise*. Trad. Rebeca Schwartz. Rio de Janeiro, Imago, 1972.

_____. (1968). "Communication Between Infant and Mother, and Mother and Infant, Compared and Contrasted". Em: JOFFE,G. D. (org.). *What is Psychoanlysis?* London, Baillière, Tindall & Cassel, 1968.

_____. (1969)."The Mother-infant Experienceof Mutuality". Em: *Psycho-analytic Explorations*. London, Karnac Books, 1989.

_____. (1969). "A experiência mãe-bebê de mutualidade". Em: *Explorações em psicanálise*. Trad. José Octavio de Aguiar Abreu. Porto Alegre, Artes Médicas,1994.

_____. (1969). "O uso de um objeto e relacionamento através de identificações". Em: *O brincar e a realidade*.Trad. José Octávio de Aguiar e Vaned Nobre. Rio de Janeiro, Imago, 1975.

_____. (1971). *Playing and Reality*. London, New York, Tavistock/ Routledge, 1992.

_____. (1971). *O brincar e a realidade*. Trad. José Octávio de Aguiar Abreu e Vanede Nobre. Rio de Janeiro, Imago, 1975.

_____. (1987).*O gesto espontâneo*. Trad. Luís Carlos Borges. São Paulo, Martins Fontes, 1990.

_____. (1988). *HumanNature*. London, Free Association Books, 1992.

WOLKER, J. Os Objetos. Em: JOVANOVIC, A. *Céu vazio*. 63 Poetas eslavos. São Paulo, Hucitec, 1995.

Esta obra foi composta em CTcP
Capa: Supremo 250g – Miolo: Pólen Soft 80g
Impressão e acabamento
Gráfica e Editora Santuário